幸福拉萨文库

U0507010

非遗篇

幸福拉萨文库

传统制陶艺术

《幸福拉萨文库》编委会　编著

高原水土铸就
天地人时调和

西藏人民出版社

图书在版编目（CIP）数据

传统制陶艺术 /《幸福拉萨文库》编委会编 . -- 拉萨：
西藏人民出版社，2022.6
　　（幸福拉萨文库 . 非遗篇）
　　ISBN 978-7-223-07076-8

　　Ⅰ . ①传… Ⅱ . ①幸… Ⅲ . ①藏族－制陶方法（考古）
－介绍－拉萨 Ⅳ . ① K876.3

中国版本图书馆 CIP 数据核字（2022）第 049212 号

传统制陶艺术

编　　著	《幸福拉萨文库》编委会	
责任编辑	格桑德吉	
策　　划	计美旺扎	
封面设计	颜　森	
出版发行	西藏人民出版社（拉萨市林廓北路 20 号）	
印　　刷	三河市嘉科万达彩色印刷有限公司	
开　　本	710×1040　　1/16	
印　　张	7	
字　　数	111 千	
版　　次	2022 年 7 月第 1 版	
印　　次	2022 年 7 月第 1 次印刷	
印　　数	01-10,000	
书　　号	ISBN 978-7-223-07076-8	
定　　价	32.00 元	

曲贡遗址：视觉可见的藏陶之源

　　站在拉萨城内往正北方向眺望，大约 5 公里开外的地方，一条连绵不绝的山脉横亘在视野当中，那里是色拉乌孜山，自古以来就是高僧活佛的讲经说法之地，大名鼎鼎的色拉寺便坐落于此。山脚之下，柳林处处，村落遍布，历来也是居住生活的好地方，"曲贡村"便是其一。藏语中的"曲贡"作"水塘"解，"曲"为"水"，"贡"为"塘"，是个依山傍水的福泽地。千百年的沧海桑田，让曲贡村旁的大水塘早已没了踪影，但曲贡之名却一直流传至今。不过，今日的曲贡名气不仅来自历史上得天独厚的环境，更来自 20 多年前一场伟大的考古发现。

　　1984 年 10 月前后，入秋的曲贡村迎来了一支考古队，这群戴着手套的专家，拿着手铲、小锤、鬃刷，有条不紊地研究着这个万余平方米的古老村落。随着考古工作的逐步深入，驻扎于此的考古学家们渐渐有了重大发现，自此以后，曲贡之名便从拉萨北郊的色拉乌孜山脚，一下就飞上了世界的舞台。因为就在这片无数居民、僧尼往来的脚下，竟埋藏着一处距今 4000 年之久的遗址，当时的拉萨文明正在岁月的包裹中安详地沉睡。为了纪念这一迄今为止在西藏发现的海拔最高、年代最早、面积较大的遗址，这片古老的村落被正式命名为"曲贡文化遗址"；由于其文化层堆积较厚、文化内涵极其丰富、多种文化并存，又被众多专家誉为"拉萨的半坡"。

　　截至 2019 年，曲贡文化遗址一共经历了三次成规模的保护性开采。遗址中的每一件出土文物，仿佛都是一个生动形象的文化符号，填补着史前拉萨文明的空白。随着越来越多的民居遗迹、牲畜祀品，以及各种材质的工具、农具、猎具重见天日，

人们对于史前拉萨文明的认知也日渐丰满。它像极了一个细腻而生动的文化剖面，让当代的人们能直观地体会几十个世纪之前的高原人烟。

生活在久远年代里的曲贡人民已经有了以农耕为主、畜牧为辅的经济生活传统，手工业极为发达，出土的石刀、石斧、石钵、石铲、石磨等石质器具，展现了曲贡人民高超的磨制工艺；一头开有穿线小孔的骨针，各种材质的发笄、手镯，形态多样的玉器，以及纺织工具零件的发现，体现了曲贡先民们对生活展现出的更高追求。其中，最值得介绍的手工技艺，便是曲贡的制陶工艺。

曲贡文化遗址出土了大量的陶器，其中可以清晰辨认出器物形状的就有1234件，另有各种质地的陶片5万余片。庞大的出土数量至少说明：曲贡的先民们已经熟练地掌握了制陶方面的艺术，而整个拉萨乃至西藏的制陶历史，也往前推到了4000年以前。

曲贡遗址出土的陶器不仅数量多，工艺也大都比较讲究，不管是手工制坯、慢轮修整，还是后期的成型、装饰、焙烧，全程都展现出了较高的水平，以实物侧写了先民们对制陶工艺的认知与思考。比如，根据不同的用途，陶器有罐、碗、杯、钵、盘等多个类别之分；陶罐之中，又依照实际的使用需求，分出了单耳罐、双耳罐、高颈罐、大口罐；同样是大口罐，表面的纹饰也多种多样，可能是三角纹，可能是V型纹，也可能是齿状纹；为了提升陶器的耐用度，当时的曲贡人民在制坯时已经懂得加入屑和料等等。可以说，不断完善的陶具，基本覆盖了藏族先民们的日常起居，达到了"一日食宿皆有陶"的状态。

除了生活用品，藏陶技术在寄托信仰和建筑设计上也找到了用武之地。

1992年，曲贡文化遗址中出土了两件特殊文物，一件是带有贴塑装饰的陶塑猴面像，另一件是捏制的鸟头陶塑像。猴与鸟是藏族人民非常崇敬的两种动物，这两件陶塑作品的出土，说明那个年代的陶工们已经开始利用高超的技艺，制作形象逼真、生动传神的艺术品来寄托信仰。

至于在建筑设计上的应用更不在话下，今日的大昭寺、桑耶寺、罗布林卡，一众藏式建筑的壮美与恢宏，本就与藏陶的工艺史话有着千丝万缕的联系。见证了无数斗转星移、冬春轮换的，不仅有馆藏的卷卷史册，更有迎着阳光熠熠生辉的琉璃陶瓦。

藏陶的辉煌历史，一半要归功于藏族先民们的勤劳与智慧，另一半则要

归功于汉藏文化有机、深度的融合。公元 7 世纪，从东土大唐而来的文成公主，将汉族的先进生产技艺与美好祝福带到了高原，汉藏情谊也在这一时期扎根于高原之上，并在千百年的历史中浸润了广袤的雪域土壤，在各个领域都结出了丰硕的果实。

汉藏文化的融合给藏陶工艺带来的直观改变之一，就是覆在陶面上那光洁靓丽、五彩斑斓的釉面。在没有釉彩的年代里，智慧的藏族陶工们琢磨出了一套特有的"磨花工艺"，为远古时期的陶具赋予了独有的魅力。釉彩出现以后，不仅让藏陶找到了诠释美的新方式，同时也让藏陶在表现藏族文化时，有了更生动多彩的选择。为了纪念汉藏文化融合带来的这一改变，当时的藏族人民习惯性地将上了釉彩的陶器亲切地称为"唐碗"。

然而，在世俗观念和现代工业快速发展的双重影响下，充满匠心的藏陶艺术，跟世界上诸多传承了千百年的其他古法手艺一样，不约而同地走到了一个非常艰难的局面。随着生产技艺的日渐先进，批量生产的工业陶，不论品质、样式，都要胜过手工陶，而且均摊到每一件陶具上，生产工业陶的效率更高、成本更低、利润空间也就更大。一面是工业生产相对于手工制作表现出来的绝对优势，一面是技艺传承过程中要面临的重重困难，无数优秀的藏陶手艺人在仔细权衡之后，无奈地选择了面对现实。

好在，历史悠久的藏陶工艺，在岁月的长河中低迷地走到 2006 年时，终于迎来了一个重大转机。这一年，拉萨市墨竹工卡县塔巴村的民间传统制陶技艺，作为藏陶技艺的代表被列入"第一批西藏自治区级非物质文化遗产名录"。一时间，政府的扶持、资金的注入、民间的响应、现代技术与传统手工的有机结合，让曾经疲态尽显的传统制陶工艺重新获得了生机。

本书试图从曲贡文化遗址切入，以塔巴村的制陶工艺立足，援引数十个生动而真实的制陶故事，辅以数十张原汁原味的相关图片，用"以点带面"的方式，尽可能生动地、温情地、真实地阐述好传统制陶艺术的前世、今生与未来。

最后，祝福传统制陶艺术能在非遗保护之下发扬光大。纵使前路漫漫，我们仍旧希望满载匠心的藏陶，能在新时代的转轮下重新涅槃，走出高原，走向远方！

目录
MU LU

中　篇　藏陶与高原百态

下　篇　藏陶的浴火与涅槃

上 篇
SHANG PIAN

上

藏土与高原火的艺术

柔软的雪域陶泥，炽烈的高原火种，二者相遇融合，造就了世界屋脊上独具魅力的制陶工艺，并在源远流长的历史中，日渐成为多彩西藏文化的一个重要组成部分。本篇从五个视角着手，依次介绍了藏陶制作的天时地利、原料选择、古法工艺、烧陶学问、设计思维，尽可能多角度、全方位地展现最原汁原味的藏陶艺术。

第一章　一方水土造一方陶

安溪铁观音、海南黄梨木，宜兴紫砂壶……每一个响当当的地名品牌背后，总离不开当地水土与人文的精心调和。西藏地区传统的藏陶工艺也是如此。优质的制陶土壤，独特的烧陶燃料，加上秋高气爽、农闲做陶的绝妙搭配，在这一系列"天时地利人和"因素的促成之下，藏陶文化在雪域高原上，悠悠蔓延了4000多年的时光。

● 米拉山下有陶乡 ●

米拉山，在藏语中又叫"甲格江宗"，坐落在拉萨市与林芝市的交界处。由于山势高大雄奇，世代生活于此地的藏族百姓们将它视为心目中的神山。川藏南线公路从山中蜿蜒而过，并且在山口的开阔位置形成了一片休憩之地。站在这里，山风劲吹，连片的风马旗迎风招展，五彩经幡在天地之间飘荡摇曳，不少藏族百姓在此虔诚地传达着心愿，经公路进出拉萨的游客也多将这里当成进藏旅游的打卡胜地。然而，不仅是往来的游客，就连一些年轻的当代藏族百姓也鲜有人知道，就在这片圣地的不远处，竟然有着一个普通而不平凡的小村落。

这个小村落名叫塔巴，是整个西藏陶艺发展的滥觞之地，更是米拉山下有着几千年历史的著名"藏陶之乡"。

　　塔巴村位于拉萨市墨竹工卡县，整体居于米拉山的西麓，从县城沿318国道往东南方向驱车5分钟即可到达，距离拉萨市也不过1小时左右的车程。墨竹工卡县位于依山傍水的河谷平原地带，拉萨河与墨竹玛曲河在这里交汇，水草丰美，土地肥沃，环境宜人。当地的藏族百姓便依水而居，世代享用着上苍馈赠的神山圣水，其中务农的这一部分先民，便率先在平原上过起了定居的农耕生活。

　　定居的农区比游牧地区更容易催生手工业的发展。在常年的劳作之中，勤劳的先民们就发现了一个埋藏在当地泥土中的秘密。原来，墨竹工卡境内的土壤本身就是制陶的上好黏土，里面富含今天制陶所必备的一些要素，如石灰石、硫化铅、澎土岩、三氧化硼、燧石等等，用水调和再经火烧制就能经久耐用。当时的人们虽然不知道这一点，但并不妨碍他们的探索。

　　在不断地尝试中，人们发现将调和好的黏土糊在枯草、旧树枝编成的容器上，待黏土干透之后放在火上烧制，原本松软的泥土就会变得非常坚固，甚至可以用来盛水、煮饭。人们一直以为，这是黏土里加了树枝和枯草的缘故。一次偶然的机会，黏土包裹着的枯草、树枝遇火被燃烧殆尽，而整个容器依旧能够使用。这时的人们才突然意识到，即便没有内部的容器，单独用这些泥土，居然也可以做出很多器具，甚至比之前的器具更耐用。于是，陶艺制作就这样不知不觉地在生产生活中萌芽了。

率先发现了黏土秘密的先民们在农闲之际开始兼起了做陶的行当，由塔巴村制造的陶器也逐渐流向周边。随着时间的推移，整个塔巴村在"以陶闻名"之际，也渐渐成了整个墨竹工卡县的制陶中心，并且一度在整个西藏都享有盛誉，成了名副其实的"陶乡"。

清朝文宗咸丰七年，也就是1857年，墨竹工卡地区正式设立了宗政府，相当于今天的县政府。这时，制陶就已经跟鞋匠、铁匠、银匠一道，成了墨竹工卡主要的手工业态之一，为墨竹工卡县乃至整个拉萨源源不断地提供陶具。时至今日，塔巴村内还保留着一套古老却相对完整、系统的传统制陶技术，一部分手艺人仍旧坚守着这份传统的工艺，在雪域高原之上，向时代乃至世界继续展现这份"土与火"的艺术传奇。

● 就地取材制藏陶 ●

火是人类文明之源。人类用火的发展史，称得上是一部火与万物的艺术史。从最初的钻木取火、燧石打火，到熟练用火加热食物、驱寒取暖、驱逐野兽，火在人类生活中的应用变得越来越广泛。以人工取火燃起的一丛丛火焰，如明灯一般点亮了人类前进的道路，人类文明的发展也由此翻页，进入了一个新的篇章。

　　据目前的考古资料记载，烧制陶器是人工取火在生活中广泛应用的起点。在见识过泥土浴火的神奇变化之后，人类踏上了火与土的实践与探索之路，期望将泥土烧制成轻巧好用，同时又经久耐用的称手工具。渐渐地，烧饭的陶锅、盛水的陶壶，乃至收割谷物的陶刀，各种各样的工具纷纷问世，不断改善人类的生产与生活。不过，受客观条件的影响，当时的人类活动范围有限，不论生产还是生活，都难以摆脱"靠山吃山、靠水吃水"的制约。烧制陶器的原料，自然也离不开故土周边的泥土草木。或许正是这般机缘巧合，赋予了藏族古法陶艺强大的地域特点。

　　拉萨是世界上海拔最高的城市之一。崇山环绕的地势，大大制约了拉萨对外交往的便利程度，当地人在生产生活方面的强大需求，自然只能诉诸故乡的水土。于是，一方水土造一方陶的特性，在拉萨体现得淋漓尽致。

不过，闭塞的环境并没有阻隔住无缝不入的先进工艺，拉萨的陶器生产同样可以追溯至新石器时代。穿境而过的墨竹玛曲支流，为当地人民的生产生活提供了清冽甘甜的冰雪融水。在制陶寻土的过程中，村民们渐渐发现，附近的山上有一种泥土，不仅开采容易，烧制而成的陶器也更为经久耐用，于是，今天适宜用于制陶的白垩土，就这样机缘巧合地被勤劳智慧的拉萨先民相中，成为传统制陶的优选土坯之一。

古今中外，人类最容易获得的燃料，就是生长于地表的各种草木。拉萨位于北纬30°附近，若不是高寒缺氧的自然环境，这里的地表植被，理应和同纬度的杭州、长沙、重庆一样丰茂多样。面对植被不足、燃料匮乏的局面，拉萨的先民们也渐渐摸索出了一套"物尽其用"的哲学。投入熊熊烈火当中的，除了农忙收割后遗留下的青稞、麦秆，春荣秋黄的高山草皮，剩下的就是牧场上源源不断、俯拾即是的牛粪，仿佛让人隐约看到了传统工艺中循环经济模式的雏形。

走出窑炉的陶器在晾凉过后，便会来到陶工的手中。经验丰富的当地匠人们根据不同器具实际的使用需求，或以巧手装饰，或以精器打磨。随着最后一道工序的完成，这些陶器将被温柔、整齐地码放在一旁。稍待时日，这批崭新的藏陶，便会经由蜿蜒的高原之路去往新的藏家。

● 金秋季，铸陶时 ●

秋分一过，气温渐凉，此时，大地万物蓄积了一年的日月精华随风云流散，落叶草木日渐开始变色，一场盛秋的斑斓巨变即将席卷大地。这番景象大都出现在10月前后，因此人们创造了"金秋十月"一词，

用来指称秋日的丰收与繁华。

　　坐落于海拔逾3600米青藏高原之上的拉萨，因为特殊的地理位置与气候条件，入秋时节往往更早，通常在八九月份就能初感秋意，因此用"金秋九月"形容拉萨也毫不违和。每年九月初期，甚至八月中下旬，成熟的青稞就会悄悄染黄拉萨河谷与雅鲁藏布江两岸。一时间，河谷里、山野上，逐步呈现出一派繁忙的景象。一捆接一捆的青稞被整齐地码放在地头，尚待收割的青稞则在地表迎着秋风摇曳。一些先行忙完农活的农民并没有急着休息，他们选择走下收割机或者放下镰刀，摇身一变成了玩弄泥土的陶工，开始了一年一度的铸陶生活。换言之，对拉萨的一部分农牧民而言，收割青稞是雪域高原上一年农事的结束，却也是另一项工事的开始。

　　如果说"春种秋收"是"不违农时"，那么"秋铸春收"就称得上"不违陶时"了。一年分四季，铸陶唯于秋，这其实是一件颇有门道的事情。在过去很长一段时间里，生活在雪域高原上的人们都以农牧业为主，农牧产品更是家庭收入的主要来源。拉萨先民铸陶的历史虽也有千百年之久，但在农牧经济的背景下，始终只能成为一门副业。选在农闲的金秋时节张罗陶事，也就成了拉萨先民们与时令合拍的最佳选择。

根据拉萨的古法烧陶工艺，草皮是必备的烧陶燃料。9月中下旬，拉萨早晚的气温开始骤降，在瑟瑟秋风的劲吹下，伏在地表的草皮渐渐由青绿转向枯黄。这时，从田间地头忙完农事的陶工们拿起铁锹，将草皮与底层薄薄的泥土一起铲下，而后用利器分割成一尺见方的小片草皮，最后再用背篓运回家中晾晒，留待烧陶时节备用。再早一些的草皮因含水量大不能使用，再晚一些的草皮又因风化或被大雪覆盖而难以开采，因此，秋季铸陶于拉萨而言，又多了几分必然与合理。

秋日的拉萨，最低温度可达冰点。此时的气温不高，水分蒸发较慢，只要控住干燥的寒风，水分就能够很好地锁在均匀调制的泥坯当中，这对后期的器具成型很有好处。烧陶的时间若再晚一两个月，到了大雪封山之时，终日气温皆在冰点之下，泥坯很容易因为被冰冻而无法使用；若是提前一两个月，夏季高温暴晒的环境又很容易让表层的水分快速蒸发，使得泥坯出现"内湿外干"的情况。这种泥坯在烧制中容易塌落，使得烧陶的失败率成倍提升，即便勉强烧成，在日后的使用过程中也很容易出现质量问题。

因此，"金秋铸陶"看似是不违农时的无奈之举，不想却因天时地利的调和，成了上苍给拉萨铸陶人做出的最好安排。

如今，随着替代燃料的出现，以及生产工艺与环境的改进，现代藏陶的制作其实早已能打破"金秋"的时间束缚，但不少沿袭古法的传统陶艺人，秉承对上苍馈赠的敬重与感恩，仍旧选择在雪域高原的净土上默默坚守。毕竟，拉萨的光热、水土、草木，加上拉萨的手艺人，只有将这些元素捏合在一起，每一件成品才有了拉萨传统制陶艺术的风韵与灵魂。

第二章　藏陶秘话

　　每一件陶器的诞生，都是从陶工与泥土的对话开始的。史上特殊的海陆变迁，让西藏天然享有制陶的优质泥土；通过不断实践摸索，藏族人民对陶泥的制备也有了更深入的认知。除了用于制陶，泥土石料还能用于制釉、调色，让古朴的陶器也能享有绚丽的光泽与色彩。

● 高原陶用海底土 ●

　　没有米就做不成饭，所以古人用"巧妇难为无米之炊"，强调"缺少必要条件，事就做不成"的道理。土是做陶的必要条件，没有好泥土，陶工们自然就做不了陶，藏陶这个主题也就无从谈起。

　　墨竹工卡县塔巴村的附近，遍布着一种质地松软的白色泥土，千百年来，墨竹工卡的先民们都在用它代代传承地制陶。这种白色泥土名叫"白垩土"，先民们能在家门口遇上量大质优的白垩土，不得不说是一种"天作之合"的缘分。

　　亿万年以前，今日高耸入云的青藏高原都位于海平面之下，整个区域是一片与北非、南欧、西亚、东南亚海域相连的汪洋，名叫"特提斯海"。由于气候温暖，这里的海洋动、植物发育繁盛，呈现一派生机勃勃的景象。水下的众多生物中，生存着一类"多胚孔"单细胞动物，它们的外壳富含石灰成分。这些生物体死去之后，它们那极其微小的石灰躯壳便沉入海底，并且在几百万年的漫长积累与海水重压之下，慢慢积聚、粘连，最终形成了一种质地松软的石灰岩，我们今日所熟知的"白垩土"就是这样形成的。

埋在海底的"白垩土"能重见天日，并且被墨竹工卡祖祖辈辈的陶工们开采、使用，就不得不提到地球板块的漂移史。大约在2.4亿年前，印度洋板块与亚欧板块在特提斯海域发生碰撞。在两大板块的持续移动、挤压之下，特提斯海北部海底开始抬升，海域面积渐渐缩小。大约过了1.6亿年，特提斯海就彻底从地球表面消失了，原本相对平整的海底在剧烈地挤压、抬升之下，便形成了高耸入云、有世界屋脊之称的青藏高原。

平均海拔高达三四千米的青藏高原，风力强劲，紫外线强。在强风、暴晒的自然条件下，因沉积而形成且结构并不太稳定的岩石在大自然的风化作用下，质地变得更为酥软，稍稍遇到外力便会变得粉碎。

洁白的色泽，加上极低的开采难度，很快吸引了在此定居的墨竹工卡先民们的注意力。通过生产生活中的实践，先民们也发现了这种白色泥土的一些特点：颗粒细小、吸水性弱、胶结性差、可塑性强，最终烧成的陶具也比其他黏土烧成的要轻。就这样，洁白松软的白垩土，渐渐成了陶工们不约而同的选择。

● 和泥的加减法 ●

一个阳光明媚的深秋午后，一阵低沉、略闷，却节奏分明的打击声，若隐若现地萦绕在塔巴村的上空，原来，陶工且增正忙着对一些大块的泥土进行加工。只见他用自制的大石锤，一下又一下地砸过去，那些大块的泥土瞬间就瓦解成了细小的颗粒，或紧或松地铺散在地上。

锤土，是拉萨陶工制陶时要做的第一步。过去，陶工们往往要走出村子，背着背篓，手拿工具，到山脚自行采土；现在，出于对家乡生态的保护，加上物流运输的改善，大家也可以花少量的钱从专人手中购买陶土，还能享受送到家门口的便捷。然而，不管是亲自开采的，还是购买的，这些土块都不能直接使用。且增正在做的，便是和泥前的第一道"减法"——大变小。这道工序，主要是砸碎大块的陶土过筛，初步滤除土块中的石子和其他杂质。

初步过筛后的陶土还会有不少颗粒状的物质，这时只见且增换了一根小石棒，按照一定的顺序，把铺散在地上的泥土粉末又碾了一遍，遇到不能碾碎的物质，且增会用手将其挑出，经过肉眼辨识，确认泥土大体碾成粉末之后，再过筛装盆。至少做过两次"减法"后，制陶的陶土原料才算是完成了一半。

且增制陶的手艺是从父亲那里学来的，而父亲的陶艺则继承于祖辈。依照世世代代传下来的经验，如果制作的是一般的陶器，对陶土做两次"减法"足矣，徐徐加水，慢慢调和，就能得到质量不错的泥坯；如果要制作耐热度高的陶器，比如煮饭烧菜的锅，就还得往筛过的陶土中额外加一些东西，这就是和泥时的"加法"。加进去的东西，在今天的制陶业中有一种说法，叫"羼和料"，包括沙子、贝壳末、植物碎屑、稻谷壳、碎陶末等等。尽管祖辈的经验告诉他，沙子是最好的羼和料，但且增在多年的制陶中，也抱着好奇的心态添加过其他的东西。实践证明，祖上传下来的经验值得信赖。

往陶土中添加羼和料，这并不是且增家的发明，它是一种集体智慧，是劳动人民在生产生活中的智慧结晶。从拉萨曲贡文化遗址出土的大量夹砂陶片来看，制陶要加沙子这道工艺，勤劳智慧的藏族人民在几千年之前就已经掌握，并且沿用至今。

当时，物理这个词还没有被创造出来，但并不影响人们对"受热膨胀"这一现象的认知，也不影响人们对黏土性质的理解。制陶用的黏土是一种可塑性很强的泥土，质地非常紧密，一旦黏土的纯度过高，受热发生急变时，土坯就容易破裂。为了解决这一问题，智慧的先民们试着往陶土中添加"杂质"。尝试中，大家又发现，杂质加多了，陶土的可塑性会变差；杂质加少了，耐热度又会不够；加入的杂质不同，陶土的耐热度也不同。因此，加什么料，加多少料，这些都变成了陶工们实践探索的话题。

相对于一般的黏土，沙子更耐高温，加了沙子的陶土耐热度自然也要高一些。而且沙子到处都是，取用都非常方便，找到一种含沙量大的黏土也不是一件多么难的事情。因此添加沙子成了整个新石器时代中，人类制作陶器时最常用的手段之一。有趣的是，加沙原本是为了防止陶器在烧制和日后使用时开裂，却不想因为减少了陶泥的致密度，在事实上增大了泥坯的孔隙，因而提高了泥坯自然干燥的速度，让制陶的总时长有所缩短，这也可谓是"无心插柳"了。

"加什么"的问题早已有了定性，但"加多少"的问题却一直没有精确定量。今天，塔巴村的陶工们在制作藏陶陶泥时，充分融入了高原人粗犷豪迈的性格，相对于内地平原地区的精工细作，塔巴陶更多展现的是一种高原上的古朴自然。没有量杯，没有磅秤，无数陶工都以祖祖辈辈传下来的经验与多年练就的手感为圭臬，泥坯太糙则加土，泥坯太滑则加沙，一切跟着感觉走。

没有标准就是最高的标准，看似随意的手法，其实对陶工技艺提出了更高的要求。有一种说法叫"微小而盛大"，似乎特别契合和泥的加减法——和泥是件微不足道的小事，但加减之间却蕴含着深奥的道理。或许，这便是藏陶手艺人用实践对"业精于勤"做出的最好注解。

● 远道而来的唐釉 ●

聊藏陶的釉料，就不得不先了解一下釉料的历史。在中国，为陶器上釉的历史非常久远，依照考古发掘的结果，中国第一只上釉的陶罐距今约有7000年，与陶器史的久远程度相当。人们究竟是出于什么样的原因，研制出了为陶上釉的技术并且沿用至今呢？这一点还得从陶器本身的特点说起。

陶器原本由质地非常紧密的陶泥制成，为了提高陶器遇热发生急变的能力，缩短陶泥自然风干的时间，陶工们往泥坯中添加了各种各样的羼和料，极大地提升了陶器的使用性能。然而，加入的羼和料也让原本可以非常光滑的陶器表面布满了细小的孔隙。使用的时间一长，食物的油脂、汁液，擦拭陶器时残余的污水，存放时落下的灰尘，很容易渗入孔隙当中，影响陶器的美观。陶釉就是为了解决这一问题而发明的。

不过，早期的藏陶选择了另外一条路径——打磨。考古学家们从拉萨北郊曲贡文化遗址中，发掘出了大量的陶片文物，这些陶片的土坯，质地非常紧密，虽然都未经过上釉处理，但表面却非常光滑，说明当时的陶工在陶器制作和陶器表面打磨抛光这两件事上，工艺已经到了登峰造极的地步。一些黑陶更是被磨出了亮光，就像涂了黑色的釉彩一样。

这种状况一直持续到公元7世纪，也就是西藏与祖国内地友好往来日渐频繁的时候。据传在饮茶时，吐蕃的使者发现唐朝的官员们都拿着带釉的茶碗，既美观又干净。于是，吐蕃的使者便请求唐朝特派陶工，到高原传授烧制釉陶的工艺。当时的唐朝，制陶技术非常发达，今天我们熟知的"唐三彩"便是一个代表。唐三彩是一种低温釉陶器的总称，艺术特色鲜明，做工精良，因外表常被涂以黄、绿、白三种颜色的釉料而得名，被视为唐朝的艺术珍品。同期的西藏，制陶工艺也发展了几千年，有着较为成熟的基础，同时也在广泛地吸取外界制陶工艺的精华。文成公主进藏时，这位身负"唐蕃结为姻亲之好伟大使命"的公主，带着一批唐朝的优秀技术从长安出发，途经西宁，翻过日月山，经过多年长途跋涉终到拉萨。她的到来，仿佛一场甘霖，调和了汉藏两族人民的情谊，同时滋润了一批高原技艺的萌芽与生长。唐朝的釉陶技术，也在饮茶的推杯送盏间，慢慢融入了西藏的制陶文化。

在汉藏文化的融合发展中，藏式陶器的制作技术也有了新的突破，由磨光到上釉的工艺改变便是其一，蓝色、紫色、绿色、黄色的上釉陶器渐渐在高原上出现，藏族人民也开始将这种陶器亲切地称为"唐碗"。到了元朝，藏式釉陶开始从饮食生活器具跨界到建筑领域，大昭寺、桑耶寺、罗布林卡的彩釉砖，都源自这一时期。

昔日远道而来的上釉工艺，在高原上又历经了千百年的发展与革新。今天，藏族制陶工艺中的釉料，除了普遍使用的红土，还包括蓝铜矿、孔雀石、硼砂、铅锌矿等。经过粉碎、研磨、调配，工匠别出心裁地涂抹，再加上到位火候的烧制，一件件泥坯素陶便犹如淡妆浓抹一般，换上了光洁闪亮的藏味衣裳。

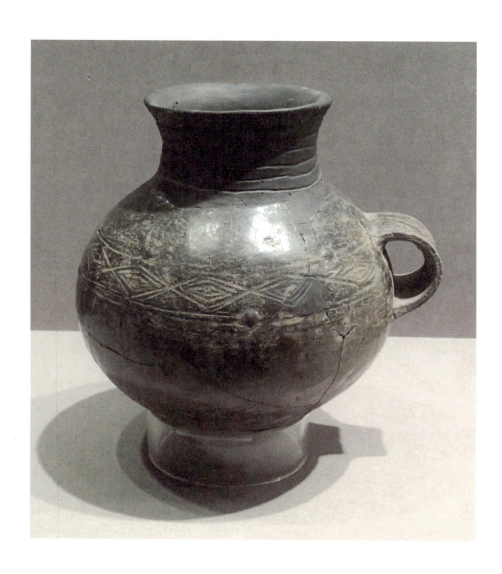

第三章　雪域陶法

藏族传统的制陶工艺有轮制、模制、手制之分，其中手制又可分成徒手捏制、泥条盘筑、泥片贴筑等方式。作为拉萨传统制陶艺术的代表，墨竹工卡县塔巴村的大部分陶工仍旧惯用慢轮盘筑的方式制作陶器，同时会适当借助辅助工具，让陶器的器型变得更为规整、好看。由于这套制陶工艺在整个西藏地区都具有专业的代表性，美称其为"雪域陶法"也是实至名归。

● 好藏陶，慢轮造 ●

所谓"慢轮"，其实是陶瓷成形过程中使用的一种古老的简易机械装置，通常由一块圆形的平面转盘和一根笔直的中央轮轴组成。它的出现让陶瓷制作实现了从纯手工捏制到机械辅助制作的转变；而且通过合理利用物理原理，相对于原始的纯手工捏制，慢轮法极大地提升了陶器的成形效率和成品的规整度。时至今日，墨竹工卡地区仍有不少制陶人家熟练地掌握着这项技艺，丹达就是其中之一。

丹达的慢轮是自己制作的：轮盘是一块厚实的木板，表面平整、光滑，是他制陶的"操作台"；轮盘中央连接着一根铁轴，铁轴的下方插在一个带有小孔的平底石座上。这三样朴实无华的东西拼合在一起，就

组成了丹达称手的一套简易制陶装置，相当于一台简易的"拉坯机"。

　　制陶之前，丹达用手转了转圆盘，感受了一下转轴连接处的灵活度，然后往连接处膏了一些油脂，继续转动、观察。待圆盘的旋转变得轻松、平稳之后，只见丹达找来一个尺寸合适的模子扣在轮盘上，并且往上面撒了一些名叫"紫典"的防粘粉。这一次，他打算做一个酥油茶壶。

　　只见他从房里拖出一个沉甸甸的盆子，上面还蒙着一块湿布。盆里装着的，是预先加水调和并且"醒好"的泥坯。新取来的土是不能直接用来做陶的，首先要彻底晒干，然后用工具将干土舂细、过筛。经过反

复春筛后，还要根据所制作的器物的实际需要，添加一些羼和料，比如沙粒、碎陶末等，改变泥坯的性质，降低黏性，使其质地变得疏松，同时提高耐热力，降低烧制时破裂的可能性。调制完成后的泥坯，还要经过类似发面时的"发酵"过程才能使用。丹达用手摸了摸，泥坯的湿度、软度都恰到好处，于是取了一块，在板子上拍打成泥饼后，轻轻地扣在了模子上。

丹达熟练地用右手拍打泥饼，使泥饼缓慢延展，并且均匀地覆盖在模子表面，左手则默契地转动着轮盘。如果双手都要用来处理泥坯时，转动轮盘的工作就会交给脚来完成。不一会儿，在这种按需的转转停停之际，模子表面的泥就被涂匀了。

接着，丹达倒转模子，把它放在撒了"紫典"的轮盘上，并且将模子取出，先前覆在模子表面的泥坯已然有了初步的形状。丹达随即用手搓了一根泥条置于泥坯的底部，防止脱模的泥坯在后续的转动中滑动。固定好之后，丹达又用软毛刷沾了些水，轻轻地润湿了泥坯的上沿，然后继续一边旋转轮盘，一边用手慢慢将上沿往里收拢。此时，壶身就大体成型了。

接下来要制作的，是壶身上细长的颈部。丹达重新取了一小块泥坯，搓成细长的泥条，然后盘成一个圈，与壶身的土坯连成一体。整个颈部就是靠这样的泥条，自下而上一条一条叠加，最后再用手或简单的工具，将里外修整抹平而成。这种工艺，在传统制陶当中被形象地称为"泥条盘筑"。为了让整个壶身的外表看起来更加光洁，丹达在制作过程中，还会不断地用打湿的羊皮蘸水打磨。在轮盘的徐徐转动与工具的精细打磨之下，整个壶身的制作就告一段落了。

做完壶身，丹达开始制作壶嘴。制作壶嘴和制作壶身的工艺不同，只见丹达从盆里又取了一些泥坯，拍成平整的泥饼之后，将它包裹在一个撒了"紫典"、形状酷似牛角的模子上，然后不断捏制，使二者尽可能贴合。这时，丹达取出木刀，将超出模子长度的泥坯削掉，再根据牛角模子的大小，用利器在壶身上开了一个大小相仿的小洞，确保壶嘴和壶身能紧密相连。通过细致的黏合之后，整把壶的基本雏形也就得以显现。

相比之下，手柄和壶盖的制作则要容易很多。丹达新搓了一小根泥条，一端黏在壶的颈部，另一端黏在壶身上，确保黏贴牢固，且手柄和壶嘴呈对称分布即可。制作壶盖与制作壶身一样，都要借助模子，只不过制作壶盖的模子要小得多。上模之后，还要不断地用手拍打，用器具刮削，让壶盖能完美契合壶口的形状与尺寸，最后再慢慢打磨光洁。

这把酥油茶壶，丹达不打算做上釉处理，于是他拿起小木刀，在表面轻轻地刻了一些简单而优美的花纹，然后用湿软的羊皮，温柔、细致地抹去表面的土屑，朴素而匠心地完成了慢轮制陶仪式的收尾工作。

此时，"嘎吱嘎吱"转悠了半晌的轮盘也终于停了下来，丹达起身伸了一个懒腰，只见他蹲下身，仔细端详着新完成的这个物件，然后小心翼翼地将茶壶移到了阴凉通风的地方。

丹达抬头望了望秋高气爽、一片湛蓝的天空，说："这个季节只要不下雨，三天左右应该就能干透。"到那个时候，制好的陶坯将要接受涅槃之火的考验。也只有经受住了烈火的考验，顺利走出陶窑，由陶坯变成陶器的时候，一件手工藏陶的制作才算是真正画上了句号。

● 制陶得有"金刚钻" ●

俗话说得好,"没有金刚钻,不揽瓷器活"。在西藏拉萨,每一位资深的陶工,都有一套得心应手的制陶工具。和现代化的工具不同,塔巴村的陶工们所使用的,要么由天然物件稍加改制、裁剪、打磨而成,要么由几样简单的物件组合而来。也正是如此,这些看似古朴简单的工具,才会在匠人们的手中显得格外灵巧,造出的藏式陶器才会别具一格,简约美观。

根据实际的使用需求,这些五花八门的制陶工具,大致可以被分成三个类别。

首先是泥料加工类的制陶工具,具体可以细分为以下几种。

1. 大石锤

不论是自行开采,还是从别处购买,获得的陶土原料,块头都比较大,其中往往还会夹杂比较多的碎石。因此,用大锤子将陶土砸成粉碎再过筛,是所有藏族陶工制陶前的头道工序。大石锤一般使用质地较为硬朗的石头,石头中间凿有圆孔,以便安装木质手柄。

相对于一般的铁锤,藏族的陶工们更愿意使用质地坚硬且更加便宜的自制石锤。一是石锤制作起来简单,随坏随修随换;二是相对于一般的铁锤而言,石锤的打击面更大,砸陶土的效率更高。

2. 石板

陶工们大都会准备一块短则半米,长则1米的平整石板。当土块被碾碎过筛之后,往往会加水调和至黏稠状,留待加工备用。后续工作中的搓制泥条、拍打泥片,一般都在这块石板上完成。

3.磨土石

一般为长方体，有相对光滑的侧面。竖立使用时，多用于进一步碾碎陶土中的小颗粒；平放使用时，多在塑形阶段用于将泥坯拍打成泥片。

4.刮刀

通常为金属质地，以铝片较为常见，多为长方形，没有锋利的刃口。刮刀主要有两个作用：一是刮除黏在石板、磨土石表面的泥料；二是依照需要的尺寸切割泥片。

接着是泥坯塑形类的制陶工具，具体可以细分为以下几种。

1.顶板

所谓"顶板"，就是制陶时使用的模子，一面为弧形，主要用于制作带有弧度的基底；另一面则带有把手，便于陶工们拿捏，提高操作时的灵活度。制作容器时，陶工们会将处理好的泥坯均匀地覆盖在顶板的弧面上，然后不断拍打，以排出坯料中的空气，提高器具的致密度，增强韧性。

在塔巴村，每一位陶工手里，都有好几个弧度不同、尺寸各异的顶板，方便制作不同用途的陶具。一般情况下，这些顶板大多是烧结好的陶泥块，而且都由陶工们自制而成。

2.刮子

主要用于刮除覆盖在顶板曲面上的多余泥料，一般为木质。

3.凹面板

顾名思义，凹面板就是一面内凹的板子，多为木质。主要用于进一步修整覆盖在顶板曲面的泥饼，确保它的平整度。

4.大木拍

指一面相对平整光滑的木头拍子，在制作中主要用来轻轻拍打初步成型的器壁，帮助容器收口。

5. 软刷

主要用于在制陶过程中润湿局部土坯，以便于处理细节上的塑形修整。整个土坯制作完成之后，也会用到软刷，将整个土坯表面润湿，以增大抛光时的润滑度。过去，藏族陶工多用高原动物的毛发制作软刷，现在往往直接从商店购买普通的油漆刷来代替。

6. 壶嘴模子

专门用于制作壶嘴的模子，藏语也叫"欧洛托久"，有牛角材质的，也有木质的。和顶板一样，制作壶嘴的模子也有不同的弧度和尺寸，便于匹配不同的壶型。使用时，陶工会将处理平整的泥片裹在模子上，成型后再切除多余的泥片，脱模即可得到一个完整的壶嘴。

7. 修形刀

整个陶器在成型之后，陶工们往往会就各处细节做一些调整，这时可能就要用到修形刀。修形刀大都为陶工自制，这样才能更好地适应不同陶器的不同弧面，多为木质。

8. 抛光棒

为了改善陶泥的性质，让陶器更加经久耐用，陶工在制作陶泥时，或多或少会掺杂一些羼和料。然而在制作的过程中，由于泥坯要被不断地拍打、揉搓，部分羼和料可能会浮在面上，影响表面的美观，突出的细颗粒也很容易影响手感。因此，等成型的泥坯达到半干的状态时，陶工就要用两头尖、中间鼓的抛光棒在上面来回滚动，把表面的异物压回去，让陶器表面变得光滑。

9. 牛羊皮

用水浸湿的牛羊皮，质地柔软且有韧性，很适合用来打磨口沿部分，并且能为陶器的外壁做最后的抛光加工。

最后是纹样装饰类的制陶工具，具体可以细分为以下几种。

1.纹样模

纹样模的出现，使得藏族陶工以纯手工的方式，在陶器表面简便、快速地制作多个重复的外凸花纹成了可能。

纹样模一般都是陶工手工制作而成的，主要分为两个步骤。首先是制作"阳模"。所谓阳模，就是纹样外凸的模子。陶工们会取来一块泥饼，通过手捏、雕刻、切削等方式完成制作。等纹样成型，且泥坯完全干燥后，再将这块模子放入土窑中烧制。冷却后，阳模就制成了。

紧接着，陶工们要利用这块阳模来制作阴模。相应的，阴模就是纹样内凹的模子。这时，陶工们又会取来一块相对较厚的泥饼，将阳模摁上去，并且通过不断拍打的方式，使泥饼完全贴合阳模。这时再将阳模取出，凹陷的部分就是阴模的雏形。和烧制阳模的工序一样，等冷却后，阴模就制成了。

使用阴模时，先要在模具内侧撒一层防粘粉，然后再将泥坯摁入。确认泥坯与阴模完全贴合后取出，并且趁有一定湿度时，尽快将拓印好的纹样贴合在陶器表面使其固定，最后再与器身一道烧制而成。

2.刻画板

刻画板没有固定的形状和尺寸，主要用于在成型的泥坯表面刻画线条纹样，一般带有尖头，多为木质。

● 彩釉下的匠心 ●

未经上釉处理的陶器叫"素陶"，因为最大限度地保留了泥坯的本色，因而有一种素净的古朴美；上了釉彩的陶器叫"釉陶"，光亮的釉面让整个陶器显得精致而有质感，既耐用，又美观。一件陶器是否上釉，上多少釉，既取决于容器的用途，同时也受陶工本身的喜好影响。这两类陶器，在今天的藏陶制作中都很常见。

上釉是今日藏族陶工的一项必修课，一位优秀的藏族陶工，不仅能亲手和料、拉坯、塑形，更能以一双巧手，绘制别出心裁的斑斓釉彩，果果老人便是其一。如同画家不仅要懂得绘画技巧，还要懂得配色一般，陶工要想把釉上好，首先也得摸透釉料的性质，做好搭配。可以说，促成斑斓釉彩的魔力，不仅得益于在烧陶过程中炽烈碰撞的高原土与高原火，更来自手制过程中徐徐倾注的匠心。

藏族制陶工艺中用到的釉料有很多，现在经常使用的，有红土、硼砂、铅锌矿、铝矿等多种矿产。其中，塔巴村的陶工最常使用的釉料是铅锌矿，主要是因为村落所在的墨竹工卡县本身就盛产铅锌矿，周边林周县、吉隆县的铅锌矿产量也非常大，原料容易获得且价格低廉，特别适合用来烧制经济适用的藏式陶器。

依照传统的藏族制陶工艺，研磨釉料完全是一项手工活。当矿石被碾成细碎的粉末之后，则会被倒入一个干净的容器，随后按照不同的需求，加水调和、配比搅拌、受热熔解。完成釉料的制作后，再用耐热耐湿、质地柔韧的猪鬃刷蘸料，均匀地涂抹在陶器表面。

加入的矿物不同，最终烧制而成的釉彩便会呈现出不同的颜色。比如青釉，就是在釉彩中加入了铁矿；红釉，就是在釉彩中加入了铜矿。调整加入矿物的比例，并且改变加入的工序，最终烧制而成的釉彩也会呈现出不一样的感觉。对此，果果老人深有体会，如果釉料中只有铝矿石粉，最终烧制出来的陶器会呈现出单调的红色；如果调制釉料时在铝矿石粉中兑一些水，然后与其他批次的陶器放在一起烧制，等釉料结块之后，再把它们研成粉末，跟新的铝矿石粉按照3:7的比例混合均匀，涂在陶器上再烧一遍，这时烧出来的器具就会红中泛绿，呈现出不一样的美感。

　　总的来说，上釉的工序要在陶器烧制之前完成。不过，有些陶器一次就能烧成，比如花盆、酥油灯，做好泥坯之后，直接刷上釉粉烧制即可；有些陶器要烧两遍，比如青稞酒壶，第一次烧的时候是素烧，釉料要等到第二次烧制之前才刷上。

　　别看新刷了釉料的陶坯全身黢黑，经过高温的烧制之后，黑色的外表竟如被施了魔法一般，变得光滑如镜、五彩斑斓，成了雪域高原千家万户中的一道靓丽风景。

第四章　烧土陶的学问

　　泥坯需要浴火才能成为坚硬的陶，而烧陶的火候是影响最终成品质量的关键。草皮、牛粪，特殊的自然环境，让传统的藏陶烧制燃料极富高原特色；沿袭于过去的平地堆烧工艺与现代的烧陶工艺更是截然不同，由于整个过程都在纯露天的环境中进行，复杂多变的外部环境也对烧陶人的手艺与经验提出了更高的要求。

● 山下烧树木，山上烧草皮 ●

　　作为一门土与火的艺术，"烧"是制作陶器过程中非常关键的一道工序。只有恰到好处的煅烧，才能让陶土在高温之中产生奇妙的化学反应，使质地与色泽都达到最完美的状态，确保烧成的陶器以最佳的姿态呈现在世人的面前。

　　要确保燃烧达到高温的状态，燃料是最为关键的因素之一，既要能充分、持续地燃烧，又要便于获得。"燧木取火"的历史，让人类的祖先对"烧什么"这一问题有了深入的认知，其中随处可见的地表植被，在一段相当长的历史中都当之无愧地位列各类燃料的首选，在不少地区至今仍发挥着重要的作用，西藏便是其一。

　　提起西藏，人们很容易将其与高寒、冰雪、植被稀少等印象联系在一起。其实，整个西藏的地势北高而南低，特别是东南区域，在特殊的河谷地形、大气环流以及低海拔地势的共同作用下，这里气候宜人，植被丰茂，生长着一大片郁郁葱葱的原始森林。因而生活在东南河谷，以及周围海拔相对较低地区的藏族人民，也过着伐薪烧炭的生活，将木柴作为烧陶的主要原料。

越往西、越往北，随着海拔逐步升高，气候逐渐变得寒凉，高大的乔木也逐步变成低矮的灌木，直至草甸、草原、荒漠。不过，别看草皮只有那小小的一块，燃烧后不仅温度高，还格外耐烧，保温性能也非常好。因此，历史上以拉萨为代表的广大藏族人民也因地制宜，将高山草皮用来充当烧陶的重要原料。

草皮只能在秋天采挖，之后还要经过长达1个月的晾晒，等彻底干透后才能使用。古人有云，"物以稀为贵"，正因为优质草皮的获得不那么容易，所以世世代代的陶工们在使用时也格外讲究。

用作燃料的草皮并不是往火里一扔就完事。在以"平地堆烧"法制陶的西藏，堆烧之处的平整地面上先要铺一层草皮，待烧制的泥坯要以大套小、整整齐齐地摆在草皮的上方，泥坯之间的间隙和整个窑堆的表面也会铺满草皮。当里里外外分散存在的草皮都被引燃之后，整个土堆下面就像一个全方位燃烧的火炉。燃烧时，这些草皮就是一个个持续供热的火源；燃透后，这些草皮就如同一片片厚实的棉被一样包裹在泥坯表面，摇身一变成了最好的保温层。如此一来，完全在露天环境中进行的平地堆烧，其受热度不均、保温性不好的缺点都得到了有效改善。

然而，随着制陶的人数越来越多，陶器的产量越来越大，草皮的开采量也就大了。过去采得少，生产量上不来，不利于藏陶业的规模化发展；现在，开采量大了，开采速度甚至一度超过了草地自然的修复速度，沙化、荒漠化等环境问题也开始慢慢凸显，并且给来年的制陶工

作带来了压力。采不到草皮，陶就做不出来，同样也制约了制陶业的发展。因此，保护环境和保护藏陶这两件看似无关的事情，却因为实际的生产需求与自然条件而紧密地联系在了一起。

近年来，在政府的大力宣传引导下，不少陶工的环保意识显著提升，越来越多的陶工逐步意识到了"可持续开采"的重要意义，一方面开始有意地减少草皮、柴火的开采量与使用量，另一方面也在积极地寻求质优价廉的替代燃料，废旧的厚纸板就是高山草皮的一种替代品。必须开采草皮时，地方政府与陶工代表也会坐下来协商出一个大致的可持续开采计划，定点、定时、定量开采，充分留出让草皮循环生长的时间，在生态保护与生产效益之间寻求一个平衡。

至此，新一代藏陶人的守艺工作又多了一项，不仅要遵循古法，坚守风韵，敢于创新，还要懂得敬畏自然，与生态俱进。

● 择一地，过午堆烧 ●

三四月份的拉萨，乍暖还寒，雨季的渐渐逼近，让上半年适合制陶的黄金期越来越短，塔巴村的陶工们也纷纷抓紧时间，希望在农事繁忙之前再多抢出几批陶器来。

早早吃完午饭的嘎珠擦了擦嘴，随即忙着与家人一道，将阴干的陶坯搬到户外准备烧制。和其他很多盛产陶器的地方不同，在以塔巴村为代表的传统藏陶生产基地中，很少看到专门的陶窑。在这里，祖祖辈辈的陶工们依旧沿用着最为古老的"平地堆烧"法，以最古朴自然的方式，孵化最富藏韵的一陶一瓦。

318国道从塔巴村中横穿，整个村子散落在国道两侧的平地上。两侧各自再往远方，都是绵延不断的山脉，那里的山脚下，如果有一片开阔平坦，并且通风良好的地方，便是陶工们做平地堆烧的最佳选择。

嘎珠平时烧陶的地方，距离家里大概20分钟的路程。在多年的来来回回中，人们硬生生地用脚和手推车，开出了一条蜿蜒小道。这条道的一头连着村落，另一头连着堆烧的山坡，无数陶坯将在这条路上接受浴火，修成归来后，再由此几经辗转，去往山里山外的千家万户。

平地堆烧法，顾名思义，就是在平地上堆一个土堆，然后再在里面生火烧陶的方法。堆土时，先要挑选三块石头搭一个稳定的结构，并且先码放小件的陶坯，再把大件的陶坯扣在上面，每层中间会填充一些草皮和牛粪，使其形成一个层层相套的稳定结构。数量多时，则会并列排放几组，每组之间留出一定的间隙。码放平整后，再用三块石头搭一个稳定的结构，最后扣上一个大陶瓮，平地堆烧的主体结构就搭好了。这时，只需在土堆表面再盖上一些草皮和牛粪，稍稍调整一下，确保内外空气能够流通，便可将麦草点燃，烧陶的工序也因这第一尾火苗、第一缕青烟而正式拉开了帷幕。

有经验的陶工一般都会将烧陶开始的时间定在温度最高的午后，一直烧到天黑时才停火，然后用余温续热一个晚上。等到第二天早晨天蒙蒙亮的时候，刚好利用相对较低的气温，提升降温的效果。由于整个过程都在露天的环境下进行，因此烧陶的季节必须避开雨季，毕竟一场突如其来的降水就能将整个堆烧结构淋个透湿，足以让陶工们短则一周，长则半月的心血毁于一旦。

引燃土堆只要一瞬，重新扒开土堆却往往需要好几个小时。袅袅青烟之下，扒开烧成灰烬的草皮和牛粪，倒扣在最上面的大陶瓮率先显露了出来。由于捂了一整晚，陶瓮的温度现在还很高，目前唯一能做的事情，就是满怀期待地耐心等待。

平地堆烧不仅讲究技法与经验，更要看地利与天时。运气好的话，一个土堆下的二三十件陶坯都能完美成型，但这种情况并不是每次都能出现的。因此，即便早已记不起这是一生当中第多少次开窑的嘎珠，此时的内心依旧充满了期许。

随着整个土堆下方因热胀冷缩而发出的噼啪声越来越稀疏、越来越细微，最终开窑的时刻也越来越近了。嘎珠熄灭了手中的烟头，戴好隔热手套，静候了一会儿之后，轻轻地挪开了上方的陶瓮，下方一众上釉的陶器在阳光的照耀下，闪耀着淡淡的光彩。

嘎珠小心翼翼地将陶器一件一件从土堆中拿出，仔细端详，确认过品质之后，再轻轻地放到垫好麦草的手推车中。除了两三件陶器的釉面因为受热不均有细微的颜色差异，其他陶器的总体呈现都非常完美，这在平地堆烧当中已经是非常不错的结果了。满载而归的嘎珠面带喜色，只见他推着手推车，哼着藏族歌谣，高兴地朝村落的方向走去。

牛粪也是好燃料

谈到雪域高原的燃料，就不能不提到茫茫雪域草原上俯拾即是的牛粪。

整个西藏的绝大部分区域都位于高寒地带，林木稀少但草原广布，适宜牦牛等高原动物的生存。除了个别公牛偶尔落单，大部分的牦牛都习惯群居，经常少则十几头，多则百余头，在雪山青草间浩浩荡荡地游走。于是成群结队的牦牛也就与蓝天白云一道，构成了独特而靓丽的高原风景。

牦牛聚居的区域内，往往也会留下数量可观的牛粪。在藏语中，牛

粪被称为"久瓦",和很多语言不同的是,藏语中的这个词跟粪、尿等不雅的含义没有一丝关系,它表达的是"燃料"的意思。以牛粪为燃料,在整个西藏有1000多年的历史。高原和平原相比,气候差异显著,天然的水热条件不足以支持大量的树木生存,因此将稀有的树木砍伐烧柴就很不合适,寻找燃料自然就得另辟蹊径,而牛粪就是藏族先民们在实践中比选出来的最佳燃料。

跟草皮相比,牛粪一年四季都能获得,而且捡牛粪不会对环境造成任何影响;牛粪晒干之后不易碎裂,易于保存;更重要的是,牛粪不仅耐烧,保温性能也非常好……出于这些特点,牛粪在世世代代的西藏人眼中都是一个好宝贝,跟吃饭、喝茶、取暖等日常生活都息息相关。即便是在能源选择非常丰富的今天,"一块牦牛粪,一朵金蘑菇"的叫法依旧是广大藏族人民心中的共识。特别是在牧区,如果外出在草原、田野上见到了光滑的牛粪,牧民们更是会高兴地将其捡回家中。住进了城市新房的藏族人民对牛粪也依旧怀着别样的感情,有时还会特意从八廓老街买回一些干牛粪,整整齐齐地码在房檐上,以备不时之需。

正因为牛粪有着自身的独到优势,使用者又对其赋予了无上的情怀,

牛粪作为烧陶的燃料也就不足为奇了。不过，牛粪虽然耐烧，将其完全点燃却要费一番功夫。过去，牧民们点火用的是火镰，就像燧木取火一般，将火镰与牛粪持续摩擦，接触的地方会逐步升温，直到形成暗火。这时，则要将火镰抽出，改用吹气的方式助燃，使暗火慢慢变成明火。

有了火柴之后，用火镰摩擦取火的人越来越少。不过，火柴燃烧的时间非常短暂，加上高原上的大风，往往牛粪的内部还没有充分受热，火早已因为火柴的燃尽而熄灭了。因此，光靠火柴并不能将牛粪点燃。

要用火柴引燃牛粪，就不得不提到高原上的另一种植物——火绒草。火绒草长得有点像"艾"，呈灰白色，质地很软，在高原上随处可见。由于燃点非常低，一点火星就能将它点燃，用来引火自然再合适不过。有经验的牧民会将草上的灰白色绒毛用手指捋下，然后双手一撮就得到了一根灯芯样的"软线"。使用的时候，牧民们习惯用两根火柴夹着这根软线一起擦燃，然后麻利地将它塞进碾碎的牛粪中，再轻轻地吹气。有了火绒草的助力，即便火柴梗上的明火消失，火绒草上的暗火仍旧可以持续燃烧比较长的时间，让难以点燃的牛粪有时间充分受热。当缕缕青烟从牛粪中升起时，再轻轻地用嘴吹两下，火苗很快就会从牛粪中蹿出了。这个时候，牛粪才算是真正被点燃，而且可以燃烧较长的时间。

处理好的牛粪非常安全，不少藏族人民都用它来做饭、热茶，而且在燃烧过程中几乎没有杂质，用来烧陶也不用担心影响陶具的质量。烧陶时，先要碾碎牛粪，然后与草皮混合，像填充料一样，一部分铺在平地上，一部分填充在器皿间，最后再在土堆表面放一些。耐烧且保温性好，草皮所具备的这两点优势，牛粪也有，两者混合使用更是相得益彰。

时至今日，这种做法在西藏不少制陶村落依旧沿用，墨竹工卡县塔巴村便是其一。从这里走出去的陶质锅、壶、盆、罐，都有"金蘑菇"的祝福与加持，这在无形中又为塔巴陶注入了几分高原特有的幸福寓意。

第五章　藏陶的美与魅

　　西藏文化和世界上所有民族的文化一样，都是在漫长岁月中，与邻近地区的民族、文化相互发展、影响的结果。西藏本土的文化、中原文化、犍陀罗文化，它们都是影响西藏文化形成的重要因素，公元7世纪之后，又以中原文化对西藏的影响最为深远。藏陶文化作为西藏文化的一部分，也或多或少地留下了这些多元文化的印记，并且在多种陶器的表面，以文字、花纹、图形等方式，安静却生动地诠释了藏陶独有的美与魅。

● 藏陶讲究"经适美"●

　　平凡的泥土经过陶工们的巧手，加上时间的酝酿与烈火的考验，最终成了经久耐用的陶器。不少诗人用文字记录下了这种神奇的变化，以展现制陶这种看似普通，实则非凡的手工技艺，比如清代诗人汪文柏所作的《陶器行赠陈鸣远》："泥沙入手经抟埴，光色便与寻常殊。"动手几经摆弄，寻常的泥沙便有了不一样的味道，简洁而不单调，朴素却不笨拙。作为中国最古老的手工艺美术品，陶器颇有"天地有大美而不言"一般的魅力。

　　人类社会经历了第二次社会大分工之后，手工业便从农业中分离出

来。一些原本务农的农民，有的开始专注于加工生产好的农副产品，有的开始尝试制造劳动工具与生活器皿。在满足了自身的需求之后，这些农民还会将多余的手工产品卖给他人。至此，手工业变成了一种以家庭为单位的小规模工业，这些干活的农民也成了历史上第一批手工业者，正式出现在人类历史社会当中。

源于农业的手工业，几乎从一开始就奠定了"朴素""实用"的基调，家中哪种资源的储备更加富裕，这种资源就容易成为生产加工的首选；哪类工具是干活的刚需，它们往往就会被优先发明或者改进。在物产并不丰富，而人们又对生活怀有更好期待的时代，经济实用往往就是最好的解决办法。因此，各类历史悠久的"古法"手艺，必定要"取自身边""取之自然"。

作为高原手工业中的重要一支，藏陶与石器、纺织等其他诸多手工行业一样，以"既经济，又实用"的姿态，见证了几千年来雪域高原文明的演进。在这个过程中，就地取材的藏陶工艺本身也有了长足的发展，泥沙等羼和料恰到好处地混合匹配，显著提升了陶器的耐用度。随着人们对生活需求的日益明确，陶器的类别、器型也渐渐变得多种多样。从类别来看，藏式陶器有杯、盘、碗、罐、钵之分，并且以各式各样的陶罐居多，这是因为透气性好的陶罐能较长时间地储存水、奶、酒、油，并且不易变质，故深得藏族人民喜爱。

为了便于搬运，陶工们还为陶器加上了各式各样、数量不一的"耳朵"。像陶壶等一只手就能拿起的轻便陶具，一般被设计成单耳；像陶罐、陶缸、坛子等需要两只手，甚至要两人才能抬走的重型陶具，一般都被设计成了双耳。在很长一段时间里，类似的实用主义主导了整个藏陶技艺的发展，为陶器的实用源源不断地赋予新的内涵。曲贡文化遗址中出土的"黑陶单耳平底罐"和"黑陶高足单耳杯"就是西藏高原新石器时代末期制陶工艺最高水平的代表，不仅器壁较薄，形态也十分规整，高原地域色彩非常浓厚，充分表现出了当时的曲贡人民高超的造型技巧和审美能力。

今天，随着时代的发展，以及现代人审美标准的提高，藏陶的外观也在与时俱进。但不管怎样设计、创新，每一款藏式陶器骨子里的"经适美"仍旧没有改变，不论是新陶还是旧器，仍旧讲究结构上的对称与美观，讲究曲线与直线的有机融合，挥之不去的，是藏陶那由内而外的端庄敦厚之感。

● 陶纹里的故事 ●

藏陶表面的陶纹多种多样，主要分为两大类，一类是自然纹样，如蝇纹、月牙纹、莲瓣纹；另一类是抽象的几何纹样，如三角纹、V型纹、圆圈纹、网纹、菱形纹。众多的纹样当中，又以"莲瓣纹"最具有代表性。

陶纹其实是一种画在陶器表面的文化符号，多多少少反映了一个时期、一片区域内的人类生活状态，表达了人们对生活的理解与向往。而藏陶表面的莲瓣纹，就与藏族人信仰的藏传佛教紧密相关。

藏传佛教的起源，可以追溯到建立于公元前1500年的象雄古国。象雄古国的一位王子辛饶弥沃佛为了救度众生，向世人慈悲传教了"古象雄佛法"，也就是"雍仲本波佛法"，并由此创立了"本波佛教"，简称"本教"。《甘珠尔》是本教教法总集《象雄大藏经》的上部，类似于古象雄时期西藏地区的全景式百科全书，内容涉及佛学、哲学、逻辑、文学、艺术、星相、医学、科学、工程等领域，是今天藏族历史、宗教、文化的源头，现在仍对藏族人民的生活习俗乃至精神信仰有着非常重要的影响。后来，到了公元7世纪，印度佛教传入西藏并与本教相互融合发展，逐步形成了现代的"藏传佛教"，至今在西藏、青海、四川等藏族主要聚居地区集中流传。

不论在本教还是藏传佛教，莲瓣纹都是颇为推崇的纹饰，蕴含普度众生之意，生活在信奉佛教土壤上的藏族人民，也热衷于用美丽的莲瓣纹图案在器具上作画，在表露虔诚内心的同时，也成了一种信仰与理想的寄托。除了宗教用的陶器，莲瓣纹的图案在陶壶、陶罐等生活器具，甚至其他类型的摆件、织物上也很常见。此时的莲瓣纹，早已摆脱了宗教文化的专属，走进了高原的日常生活。随着佛教从西域逐渐传入中原，莲瓣纹的设计也对中原的绘画创作与陶瓷装饰工艺产生了深入的影响，并且一跃成为中国古代最为流行的陶瓷花纹装饰之一。

除了莲瓣纹，菱形纹在藏陶中的应用也非常普遍。曲贡文化遗址就出土了大量带有菱形纹的陶器与陶片，其中还有不少以菱形为主，同时

嵌套了其他多种几何图案的纹饰，如有的是在菱形内部再嵌套一个菱形，变成双重菱形；有的是在菱形内部画两个同心圆，并且让圆形的圆心与菱形的中心重合；有的则将菱形与折线组合在一起，把这种纹样在壶类器具的颈部位置画两条，将整个陶器三等分……

曲贡人偏爱菱形纹的原因至今未知，它的背后可能是某种文化的印记，也可能是某种信仰的符号，但这并不影响我们对藏陶中的菱形纹饰艺术进行探讨。这些以菱形图案为代表的纹饰中，有些是简单的二方连续图案，即一种图案向上下或左右两个方向，连续循环排列延伸，从而变成优美的、有节奏感的横向或纵向的带状花边纹样；有些则是更为复杂的四方连续图案，即以一种图案或几种图案为一个基本单位，向四周连续循环排列延伸，从而变成相对二方连续图案而言，更精致、更多变的带状纹样。

另外，不论花式繁简，当时的藏陶工匠们，已经懂得利用陶器自身的形态来构成圆形图案，如果俯视罐身，就会发现这些纹饰正好闭合成规整的圆形，并且与罐口形成同心圆的关系。如此一来，即便是最简单的几何图案，也能在俯视视角下与罐身一起，构成最完整的组合。这无疑体现了陶工为呈现藏陶之美所倾注的智慧与汗水。

最近千百年制作的藏陶器具上，还有一种纹饰也较为常见，那就是"回纹"。回纹是中原地区一种常见的汉族装饰纹样，由古代陶器与青铜器上的"雷纹"衍化而来的，因其主要以短横竖线通过折绕的方式组成或方或圆的回环形花纹，酷似汉字中的"回"字，因而得名回纹，有"富贵不断头"之意。随着汉藏文化交流的日渐频繁、深入，回纹装饰也慢慢开始出现在各式各样的藏式陶器当中，为表达藏陶之美提供了新的选择。

● 美与魅的工法 ●

"艺术的创始人是陶工、铁匠、金匠、男女织工、油漆匠、男女裁缝，一般地说，是手工艺匠，这些人的精巧作品使我们赏心悦目，它们摆满了博物馆。"苏联作家高尔基在其著作《论文学》中，高度肯定了包括陶艺在内的一切生产造型技艺活动。而陶艺的精巧与赏心悦目，除了来自精巧的器型，还与林林总总的纹饰有关。纹饰本身充满了故事，制作纹饰的工艺也别有一番精彩。

在一众绘制纹样的工艺当中，最具藏族特色的手法便是"磨花法"，其中以藏式黑陶的磨花工艺最负盛名。黑陶是一种诞生于新石器时代的古老制陶技艺，因具备"黑如漆，声如磬，薄如纸，亮如镜，硬如瓷"等特性而著名。曲贡文化遗址中，出土了大量三四千年前的黑陶陶器与黑陶碎片，一部分黑陶甚至连内壁都乌黑锃亮，仿佛通体涂上了黑色的釉彩一般。其实，看似釉彩一般的光泽，完全纯靠技术精湛的工匠手工磨制而成。

然而，磨制工序只能让陶器表面变得光滑，并不能产生花纹。为此，勤劳智慧的藏族先民们大胆创新，在打磨光洁的黑陶表面新增了第二道工序——磨花。也正是这道小小的工序改变，让西藏的黑陶变得与众不同。

以菱形纹为例，陶工们在制作时，会事先预留出菱形纹饰的空间，然后将图案区域之外的表面重新磨粗，使其变成不平整的底纹，再经过细节调整，最后呈现出来的光滑表面就是菱形纹了。不仔细观看，还以为陶器表面涂了菱形的釉彩。这种磨花工艺在我国的史前陶器装饰手法中极为罕见，类似的成规模发现在我国也是首次。因此，藏陶的磨花工

艺堪称曲贡人独到的艺术创造，是藏族先民为古法制陶技艺所做出的特殊贡献。

除了磨花工艺，传统藏陶的装饰手法还包括刻画、堆贴、勾画等等。这些手法中，又以易于操作的刻画法使用最为频繁。手法熟练的陶工，内心早已储备了上百种纹样装饰的图案，面对一件初步成型的素面陶坯，经过大致设计比画，直接使用尖头的刻画板，就能在器具表面流畅地创作出形形色色的纹样，整个过程一气呵成，使得纹样与新造的器具融为一体、浑然天成。

藏式古法制陶手艺中，用堆贴的方式为器具表面附加立体纹饰的做法也很常见。相对于刻画工艺，堆贴手法则要复杂得多，制作成型的时间也更长一些。具体的制作过程，前文已有较为详细的介绍，这里便不再赘述。一般情况下，资深的藏族陶工手里都有一套常用的纹饰模。由于这些模子基本都由陶工亲手制作而成，必然存在形状、尺寸、厚薄的差异。有时候，陶工们还会根据具体的器型需要，临时特制一些纹饰模。因此，就像"世间没有两片相同的树叶"一样，完全手制的藏式陶器，从器型到纹样，世间同样也找不出完全相同的两样。

公元7世纪后，随着釉彩开始频繁地出现在藏陶上，勾画也日渐成了陶工们必备的一项装饰技能。与此同时，莲瓣纹、蝇纹、菱形纹，这些在当时的藏陶中就非常常见的纹饰，也因为勾画技术的出现而变得更加多彩缤纷。

从磨花到刻画、堆贴，再到釉彩的勾画，藏陶中的多种艺术表现手法都可圈可点，很多手法与设计图案简约而不简单，即便是以今天的眼光来看也不过时。可以说，藏陶的美与魅，颇有一种"清水出芙蓉，天然去雕饰"的韵感。

中 篇

中

藏陶与高原百态

源远流长的藏陶，是高原文明的见证者，更是藏族生活的参与者，从盛满青稞酒、酥油茶的瓶瓶罐罐，到罗布林卡等知名建筑的装潢，再到煨桑敬神表达虔诚的器具。悠悠岁月之中，藏陶早已融入高原生活的百态，而且与其他地区的陶器、瓷器相比，传统的藏族陶器更加注重实用性。本篇分为三个部分，以具体的微观视角分别讲述生活陶、宗教陶、建筑陶背后的制作故事。

第一章　藏陶食话

　　饮食从来就是人类维系生存最基本、最重要的需求之一。在诸多的藏式陶器当中，与饮食相关的占了很大一部分，这也算是为俗语"民以食为天"做了生动的注解。特殊的高原气候与地理环境，使得整个西藏地区的饮食习惯与高原之外相去甚远，有些当地的食物，从制作到食用，要完好地保留藏式风味，还得依赖藏式陶器的参与。

● 牧民的"修秀" ●

　　提起藏家的美食，酥油总是一个难以绕过的主题。自古以来，专门为酥油量身定做的器具也不在少数，藏语中讲的"修秀"便是其一。所谓"修秀"，其实是一种专门用于提炼酥油的陶罐，曾经广泛地存在于藏族人民的家庭之中。如今，随着现代化工业的快速发展，修秀渐渐退出了藏族人民的日常生活，但走进一些农牧区的藏家，特别是劳力相对不足的家庭，就会发现这种传统陶器仍旧发挥着不可替代的作用。

　　拉萨往北约170公里处，有一座人口不足5万的小县城，名叫当雄。悠悠当曲河从县城的一侧淙淙流过，河流的一边是车水马龙的市井人间，而另一边，天生就属于雪山掩映的辽阔草原。这里风光绝美，物产丰茂，几千年前，一批牧民在放牧的过程中，偶然发现了这片土地，于是傍水而居，成了最早在此生活的人们。为了表达心中的赞美之情，牧民们把"当雄"的名字赐给了这片土地，因为在藏语中，"当雄"所指称的，就是被精挑细选过的草场，而这里确实也是青藏高原上最适合放牧的地方。

卓嘎一家就生活在当雄草原上，世代以牧业为生，家中的十几头牦牛，便是全家人最心爱的宝贝。七八月份的当雄，气候宜人，草肥水美，从县城往四周放眼望去，辽阔的草原犹如一块巨大的绿色地毯，从河岸一直铺到雪山脚下，铺到一望无垠的天地之间，视线所及的地方，都是当雄人游牧的家园。这个时候，正值母牦牛产奶的旺季，是大量提炼优质酥油的最好时机，卓嘎一家常常忙得不可开交。挤下来的牦牛奶，大部分会交给签约工厂上门收奶的工人，自留的部分中，少量鲜奶会煮沸后用于日常饮用或招待亲朋，更多的牦牛奶，卓嘎还是倾向于倒进修秀里面，制成酥油储备在家中。

修秀提炼酥油的原理很简单，就是利用人力晃动罐身，让鲜奶借助自身的重力在罐中不断地碰撞、旋转，从而使其中的油脂分离出来。为了减小晃动罐子时的阻力，让鲜奶相互撞击的力度变得更强，修秀整体被设计成椭圆体状，腹部大，两头小，罐身上还特意设计了把手，便于人们在晃动罐身的过程中抓握。由于罐口设在罐身中部的位置，加上罐身够大，奶汁晃动时，飞溅的液体几乎都会被罐身弹回，不容易洒出，这也进一步降低了使用修秀的难度。

提炼酥油原本是一项力气活，需要耗费较多的体力与耐心，但年近60的卓嘎却做得轻松自如，毫不费力。每次将奶倒进修秀之后，卓嘎就会搬一张椅子坐下，一只手轻轻地前后晃动着酥油罐，另一只手转着转经筒诵经。每隔一段时间，卓嘎就会往罐里看看，将浮在表面的酥油撇出，放入一个装着冷水的盆里，好让其遇冷凝结。等盆中的油块达到一定量时，卓嘎便会用手揉搓，挤出油块中剩余的奶汁。当油块中的奶揉搓干净之后，酥油就提炼好了。最后一道工序是揉搓，就像揉面团一样，将它揉拍成扁圆形或方形，然后再将它们装进事先泡软了的羊皮或牛皮口袋当中，以便于保存和运输。

可以说，修秀是省力工具的典型，即便是年迈的老人也能轻松操作，而且提炼出来的酥油香醇、卫生，因而一度深受藏族人民的欢迎。

● 高原陶配酥油茶 ●

拉萨民间有一种说法："宁可三日无肉，不可一日无茶，一日无茶则滞，三日无茶则病。"茶在拉萨人的日常生活当中，地位很高，甚至到了"无茶不成席"的地步。而众多的茶品当中，最负盛名的还要归"酥油茶"莫属。

即便是在物产非常丰富的今天，家里来了客人，藏族同胞仍旧会习惯性地捧上一碗热气腾腾、浓香扑鼻的酥油茶；外出远行，家人也好，亲朋也罢，也大都会提着一壶热呼呼的酥油茶前来送行；哪怕是生活中的红白喜事，一壶精心熬煮的酥油茶，也总能承载最和时宜的寓意。

依照《汉藏史籍》中的记载，藏族人民饮茶的历史，可以追溯到吐蕃第37代赞普——都松芒波结执政时期，大致相当于公元676～704年间。到了唐德宗时期（公元780～805年），饮茶的习俗在藏族的贵族阶层中已经普遍存在。同期，以宇妥·云丹贡布为代表的藏医，也在藏医学著作《四部医典》中，就饮用酥油茶的好处做了深入研究。由此可见，藏族人民饮用酥油茶的历史，距今至少有1200年。

随着时间的推移，藏族人民一边喝茶，一边根据实际的需求，制造

出了多种多样的茶具，其中不乏各种陶质的茶汤锅、茶汤罐、茶壶、茶碗、热茶炉。

1.茶汤锅

藏族人民日常喝的酥油茶，是由酥油、茶汤、盐这三类物质搅拌、混合而成的，而茶汤锅的作用，就是负责熬制其中的一味重要原料——茶汤。茶汤锅是藏族家庭中比较重要的茶具，其中陶质锅具因为传热快、导热好、受热均匀等特性，特别适宜用于熬煮茶汤，很受藏族人民的喜爱。

2.茶汤罐

熬制好的茶汤，会由茶汤锅倒入专门的茶汤罐内，以备用于制作酥油茶。和茶汤锅一样，茶汤罐也是藏族家庭的必备品，且一般以陶罐居多，这是因为陶器的透气性能好，盛放茶汤不容易腐坏、变质。茶汤罐一般也被设计成广口、双耳、鼓腹的样式，分别便于人们将茶汤从罐中舀出、便于搬运茶罐、提高存储茶汤的容量。

摆在家中的日用器具，出于美观的考虑，别具匠心的工人们一般还会为茶汤罐做上釉处理，连接罐口和罐身的颈部，往往也会使用回纹或者莲瓣纹加以点缀。

3. 茶壶

藏族人民制作酥油茶时，会将熬好的茶汤，与适量的酥油、食盐，一并倒入专门的茶桶中，用木柄反复搅拌，让酥油与茶汤尽可能地融合。当桶中的茶慢慢呈现为乳状时，酥油茶就打好了。这时，新打好的酥油茶会被倒入茶壶当中供人饮用。

藏族日常使用的酥油茶壶，多为敞口细脖带壶盖，手柄与壶嘴对称分布。有的茶壶外观古朴，素净的陶面上没有任何花纹；也有一部分茶壶做了全身装饰，以大量浮雕图案来提升茶壶的观感。

4. 热茶炉

热茶炉，顾名思义，就是为茶加热的炉子。地处高寒地区的拉萨，昼夜温差非常大，打好的酥油茶倒入茶壶中，很容易因为变凉而让油脂与茶汤重新分离，继而影响口感。将酥油茶倒入保温罐的效果也不尽如人意，一是保温罐的保温效果有限，二是保温罐的密闭环境容易让酥油茶变质。为了时时刻刻都能喝上热乎、香醇、健康的酥油茶，藏族人民在很早之前就想出了"热茶炉"的办法。这样一来，即便是早上打的茶放到晚上才喝，由于持续受热，密度的改变让壶内的茶汤始终在缓慢流动，油茶交融的状态也能因持续加热而一直保持，因此不易变质。而且根据无数藏族人民的体验，经热茶炉加热过的酥油茶，与新打制的酥油茶，在口感上并没有显而易见的差别。

热茶炉的设计也很有特点。整个西藏地区都惯用牛粪做燃料，热茶炉也因此设计成"鼓腹"的样式，以便于更好地发挥燃料的特性。炉子上方的颈部一般为敞口，并有三个支点，可用于放置、支撑茶壶。更重要的是，茶炉在使用过程中没有明显的烟尘，不会影响人们喝茶的体验，而且使用过后也便于清洁，可谓是一项便捷而巧妙的发明。

5.茶碗

藏族百姓喝酥油茶习惯用碗而不用杯。专门用于喝酥油茶的碗也有特定的造型——撇口、垮肚，外形总体酷似石榴，因而也被称为"石榴碗"。今天，藏族人民喝酥油茶时更习惯使用木碗。

● 酒器：从酿制到把欢 ●

早在新石器时代，人们刚刚学会用黏土制陶时，陶器的种类划分还非常有限，只要是跟饮食有关的，统统都被归入到"食具"当中。而且在当时，酿酒的工艺并不成熟，酿酒的工具也比较缺乏，因此人们喝的酒，其实是尚未过滤的酒醪，呈糊状或半流质状。这个时候，喝酒、喝粥、喝肉汤，差别并不是特别大，有一个陶质的"食具"，足矣。

高寒的地理气候环境，使得藏族人民早早地就学会了饮酒驱寒，抵御恶劣的自然环境。后来，随着时间的推移，对于藏族人民而言，饮酒也不再只是暖身的需求，它早已成了日常生活中的一部分。这时，就需要专门的器具来满足人们从酿酒到喝酒的需求，于是"酒具"慢慢就从"食具"当中分离出来，成了单独的一个类别。根据曲贡文化遗址的考古发现，早在4000年前，勤劳智慧的藏族先民们就生产出了陶质的酒器，酒与藏族的渊源可见一斑。

在无数代人的传杯送盏之际，藏族人民也逐渐形成了自己独树一帜的酒文化，并且流传至今，如逢年过节，以酒迎宾；藏历新年，以酒祝岁；主人敬酒，三口一杯等等。可以说，藏酒文化代代传承的载体，就

传统制陶艺术
幸福拉萨文库

是家家户户琳琅满目的传统藏式酒器。

事实上，从拉萨乃至整个西藏地区出土的陶质酒器，从酒坛到酒壶，可谓是应有尽有。时至今日，在一些酒器的选择上，人们依旧对陶质产品钟爱有加。

1. 酿酒坛

青稞是青藏高原上最主要的粮食作物，自然也就成了高原人民酿酒的首选。传统的青稞酒酿制工艺并不复杂，整个西藏几乎家家户户都能制作。有经验的农民会将颗粒饱满、富有光泽的上等青稞挑出洗净，沥干之后下锅水煮，煮熟之后再晾掉水气，最后加入酒曲搅拌均匀便可封坛。在气温较高的夏季，过两三天便可酿成一坛好酒。

青稞酒度数较低，老少皆宜，是整个西藏地区喜庆节日的必备饮品，需求量很大，用于酿青稞酒的酒坛一般也会做得比较大。酿酒的一大关键就是密封性要好，为了容易封，且又封得牢，酿酒坛往往会被做成细颈喇叭口。但是这样一来，酿好的酒又该怎么取出来呢？细颈决定了舀酒的工具不能太大，然而大量取酒时，一勺勺地舀酒未免效率太低。体积庞大的酒坛本身就很笨重，再加上酒糟、酒浆的重量，以倾斜的方式直接倒出显然也不太方便。为了解决这个问题，酿酒坛上增加了一个巧妙的小设计——流口。

流口位于酿酒坛靠下的位置，酿酒时密封，取酒时打开。流口的位置在设计时往往颇有考量，如果一个酒坛在制作时，计划最多可以装15厘米厚的酒糟，这个流口就会被设计在16～17厘米的地方。这样一来，只要时机成熟，打开流口，酿好的酒浆就会汩汩流出，而酒渣则会因为高差的限制留在坛底。由于青稞酒有头道酒、二道酒、三道酒之分，流口的设计也便于取完酒浆后，直接加水酿制下一道酒，非常方便。

2.盛酒坛

盛酒坛很好理解，就是专门用来盛放酿好的酒。和酿酒坛一样，盛酒坛往往也比较大，而且都是鼓腹的设计；不同的是，盛酒坛是广口，方便人们取酒。盛满酒的坛子，坛口会被封上一块布，便于挡灰储存。盛酒坛有"带双耳"和"无耳"之分，这种区别主要体现在搬运过程中：带双耳的酒坛可以直接穿绳打结背走，无耳的酒坛则需要装进背篓里背运。

陶质酒坛是最为常见的传统藏族酒器之一。如今，随着物产的进一步丰富，替代陶质盛酒坛的器具也越来越多。今天的城市中，使用陶质酒坛的家庭不多了，但在拉萨周边的农牧区内，不少藏族家庭在婚嫁时，依旧习惯在礼堂中央摆放一个黝黑的陶质大酒坛，里面盛满了新酿制的甘甜青稞酒，方便亲朋好友酣畅享用，以最为地道、传统的方式，回馈大家奉上的美好祝福。

3.酒壶

西藏陶质酒壶的样式很多，其中以"僧帽壶"最为典型。僧帽壶是藏族人民将对佛教的信笃，与实际器物完美结合的产物，并且最终成为藏族酒器形制的一个范例。僧帽壶的壶流较宽，壶口如帽檐一般，帽檐的边缘朝后方呈阶梯状向上，到最后形成一个向上突起的尖角，总体造型就像出家僧人头上戴的帽子一般。这种别具一格的造型不仅雅俗共赏，而且非常实用，既能用于日常生活当中，也能用于婚嫁喜丧等不同场合，还能用于庄重的祭祀场所，加上不论是把酒倒入壶中，还是从壶中倒出都很方便，因而深受藏族人民的喜爱。

4.酒杯

西藏最早的陶质酒杯出土于拉萨曲贡文化遗址，距今已有三四千年的历史。当时的酒杯大多掺杂了细沙的黑陶，外表打磨精细而光滑，足以显现当时藏族人民的高超制陶工艺。虽然今天已经很少有人再用传统的陶杯饮酒，但选择将做工精良的陶质酒杯珍藏起来的却大有人在，仿佛想通过这种最简单而隆重的形式，保留内心对藏陶文化的质朴之爱。

● 一日饮食皆有陶 ●

藏家美食从来就不止有茶与酒，藏家的陶器自然也不只有茶具和酒器。事实上，从早餐到夜宵，一顿美食，甚至是制作美食的一道工序，用到的一味原料，可能就对应着一款颇具韵味的藏式陶器。

1.粥锅

粥是藏族人民日常非常喜爱的食物之一，藏语叫"土巴"。煮土巴的锅在藏语中叫"括玛"或"土括",锅口直而大,腹部扁而鼓,底部平整,一般带有双耳,便于手拿移动。和砂锅类似,传统的藏陶粥锅因为受热均匀,煮出来的土巴软烂香醇,非常可口,深得藏族人民喜爱。

2. 面锅

藏面是传统藏餐中必不可少的一道菜品,可以算作正餐,也能被归为小吃,一般由小麦粉压制而成,口感独特。煮藏面的锅和煮粥的锅很相似,如果家中有人结婚、过生日,传统的藏式面锅还会用来盛放寓意幸福吉祥的面条。

3. 烙饼模子

在藏语中,专门用来烙制饼子的模子叫"帕琅",有点类似于做月饼的模子,总体呈圆形,中间往往还会雕刻一些寓意吉祥的图案。盛产于高原的青稞、荞麦、小麦等,都是制作藏式烙饼的上等原料,藏族人民每逢佳节也习惯烙制饼子来增添节日的氛围。

4. 酸奶罐

高原牧区的奶制品产量非常丰富,除了售卖鲜奶、提炼酥油、制作奶渣,量大质优的高原奶汁还会被倒入陶质罐中制成酸奶。酸奶罐腹大口小,双耳呈对称分布,往往还配有把手,便于拿放。罐口配有盖子,取时揭开,取完封闭,非常方便。和陶质的茶罐、酒坛一样,陶质的酸奶罐透气性也非常好,储存酸奶不易变质,还能保持酸奶的风味,因而成了藏族人民保存奶制品的首选容器。

5. 水缸

随着供水管网的日渐完善,陶质的大水缸如今在拉萨市内及周边的县城里已经非常少见,但在较为偏远的农牧区依旧有较高的使用率。水缸主要用于盛水,体积比一般器物大,平足,多配有木盖遮灰挡虫。

6.陶质火灶

陶质火灶主要用来烹煮食物，过去在拉萨乃至整个西藏地区都很常见，有的呈方形，有的呈圆形，较为笨重，通常都放在厨房里，主要用来烧柴火或者牛粪。有些火灶开口数量较多，可以达到三个，能同时为三口锅加热。不过，随着高效、轻便的现代化厨具日渐普及，如今即便是在农牧区，传统的土火灶也越来越罕见。

除了上面介绍的这些器具，腌菜用的坛子，以及各种各样的壶、碗、杯，陶器的身影依旧随处可见。可以说，有藏家美食的地方，就有藏式陶器的存在。

第二章 一皿藏陶敬虔诚

拉萨是西藏的政治、经济、文化和科教中心，也是藏传佛教圣地，宗教文化浓郁，有"雪域圣城"的美称。以拉萨市民为代表的藏族人民普遍信仰藏传佛教，日常生活中自然免不了拜佛、敬神、转经等表达虔敬之意的仪式。为此，在漫长的历史中，匹配相应仪式的宗教陶器也就应运而生。

● 酥油点灯照神明 ●

如果灵魂有香气，那么藏族人民的灵魂一定散发着悠悠酥油香。因为在青藏高原上，从牛奶或羊奶的油脂中反复提炼出来的酥油，不仅可以入茶、入膳，还可以入灯。行走在拉萨乃至整个西藏的佛堂庙宇间，鼻息感受到的除了熊熊烟火气，更有袅袅不断的酥油香——酥油燃烧时散发的徐徐奶香。

在藏族聚居区，酥油入灯燃烧的历史非常悠久。古老的经书中有种说法：点酥油灯可以将世间变为火把，使火的慧光永不受阻，让肉眼变得极为清亮，懂得明善与非善之法，排除障视和愚昧的黑暗，以获得智慧之心，使人在世间能永不迷茫于黑暗，转生高界便能迅速全面脱离悲恼。因此，在过去的数千年时间里，除了照明，藏族人民更愿意将点燃

的酥油灯视为供奉神明时不可或缺的一种法器。不仅寺庙里那成百上千盏酥油灯会昼夜点亮、熠熠生辉，普通藏族人家里的一盏盏酥油灯往往也是长明不灭。

时至今日，酥油灯在藏族人民的心目中依旧非常重要。不少虔诚的信徒在重要的日子里，还会专程带着酥油灯去各地寺庙朝拜，添灯祈福。如果适逢需要操办念经的法事，或者需要为逝者做祭祀活动，藏族人民依旧会点燃酥油灯，少则三五盏，多则数百盏。因为藏族人民相信，酥油燃烧时的稳定火光，能让活着的人与逝者的灵魂交流沟通，生命终结时少了酥油灯的陪伴，灵魂则会在黑暗中踏入迷途。

一盏盏传达着藏族人民无限虔诚与期待的酥油灯，如同明灯一般存在于雪域高原的社会中，可谓是家家户户的刚需，因此，对于有人烟之地就有陶器的西藏地区而言，众多的陶质用品当中，必定会有酥油灯的一席之地。

总体而言，陶质的酥油灯，形状类似于内地的高足碗，上部的灯碗采用敞口斜腹的设计，便于倒入融化好的酥油；灯碗下方是细长的灯身，便于移动时手持把握；灯身以下是相对宽大、平整的灯座，一般都带有莲瓣纹的装饰。

和大多数陶器的制作工艺一样，和泥、制坯、塑形等关键步骤，制作酥油灯时也必不可少。其中，灯碗、灯身、灯座大三部分均先分开制作，慢轮法仍旧是早期酥油灯的常用制作工艺，模制法和徒手捏制法为辅助。在制作灯碗的过程中，还会借用合适的工具，在碗底做一个灯芯头，以便于在使用过程中安装、替换灯芯。等各部分完成后，再拼合为一体，待阴干后入窑烧制。最后，陶质酥油灯的表面往往还施加了釉彩，一方面能防止灯油在长期使用中浸入灯具内部，另一方面也能让整盏灯在跳跃的火焰下看上去更为高洁。

● 煨桑，对话上苍 ●

每天清晨，天蒙蒙亮的时候，拉萨城内的大昭寺广场上，袅袅青烟就会从一个巨大的白色炉子顶端冒出，迎着朝阳缓缓升起，风雨无阻。往来于炉子周围的人们更是络绎不绝，既有土生土长的藏族市民，也有不少慕名而来的外地游客，只见他们将松柏枝投入燃烧的炉火中，同时虔诚地默念六字真言——"唵嘛呢叭咪吽"。这种仪式，就是整个西藏地区颇为有名的"煨桑"，冒出青烟的巨大炉子就是"煨桑炉"。

关于藏族煨桑习俗的来源，大体有两种说法。早在部落时期，藏族男子在出征之前，或者是狩猎归来之后，部落的首领、长者、妇女、儿童会齐聚寨子外，点燃一堆松柏枝与香草，同时向即将出征或出征归来的人身上洒水，意在以烟气和水驱除男子身上的污秽之气。如果一个家

庭中有婴儿诞生，亲朋好友赶来道贺时，家人也会点燃松柏枝放在门口，前来道贺的人必须从火上跨过，接受桑烟的净化，从而保佑婴儿健康长寿。时至今日，这些行为或多或少都还存在于藏族社会的民风民俗之中。

另一种说法，则与世世代代藏族人民引以为傲的旷世英雄格萨尔王有关。格萨尔王之所以能在降魔灭妖、抑强扶弱的过程中战功赫赫，一个重要的原因就是以煨桑之烟虔诚地祭祀了诸神，获得了神灵的喜欢与神力的加持，因而得以在与魔国的对抗中大获全胜。由于格萨尔王煨桑祭神的日子是藏历五月十五，为了加以纪念，这一天慢慢就演变成了藏族人民一年一度的煨桑节，并且流传至今。

对于藏族人民而言，现在的煨桑已经成了一种最为普遍的祈愿礼俗，有祭祀诸神、祈福朝圣之意。由于投入煨桑炉内的燃料非常考究，煨桑过程中产生的烟雾往往给人以清香舒适之感，人们也因此料定，升入高空的桑烟能讨得神灵的欢心，从而降福于人间。因此，但凡是逢年过节、红白喜事等重要的日子，藏族人民就会以这种方式祈福。放眼拉萨乃至整个西藏地区，不仅每一座寺庙有专门的煨桑炉，甚至每一户藏族民居内，都有专属于煨桑炉的位置。可以说在西藏，有人烟的地方，就有安静而隆重的煨桑。

藏族人民在日常生活中使用的家用煨桑炉，除了少数是砖石质的，大部分都是陶质的，一般为口小、腹鼓、足圆的设计。其中，鼓出的腹部开有大口，方便煨桑者投放松柏枝、香草，以及其他燃料，燃烧形成的袅袅青烟则会通过上方的小口缓缓冒出。一般情况下，陶质的煨桑炉体积都不太大，以便于灵活安置。出于内心的崇敬，藏族人民在安置煨桑炉时，不管是设在房顶、墙上，还是设在院落的中央，煨桑炉所在之处，一定是精心挑选过的洁净地方。因为人们相信，在这些地方煨桑，最能以诚意打动上苍。

● 香插：藏香之器 ●

就像家家户户都有锅碗瓢盆一样，在西藏，大大小小的场所里乃至每户人家之中都有香插，而香插能在西藏高度普及，则先要从美名远扬的藏香说起。

藏香存在于西藏的历史长达1300多年，是藏族人民敬神、拜佛的必备信物。大约在8世纪时，当时出任赞普的赤松德赞信奉佛教，便派出16名藏族青年才俊前往印度学习。后来，其中的15人客死他乡，只有吞弥·桑布扎学成归来，并且把藏香的制法带到了西藏。今天的藏香，便是西藏本土原料与外来手工艺充分融合、改良后的产物。

优质的藏香，往往以生长于高山多年的柏树为主料，同时辅以藏红

花、檀香、麝香、沉香等几十种珍贵香料，经细致研磨后揉搓而成。藏族人民相信，取自大地的精华之物在焚烧过后，散发出的本草芬芳会伴随着袅袅香烟不断升腾，最终到达天际。只要心中的信念不灭，神明就会借由这缕缕香烟，读懂人们对生活的美好祝愿，从而降福庇佑人间。

当时，整个西藏地区几乎人人信仰佛教，以香供佛的方式很快便普及开来。庞大的需求直接推动了藏香制造业的发展，同时也带动了香插等供奉附属品的生产制作。一时间，佛堂庙宇、家家户户，到处都香烟缭绕且终年不灭，至今仍是如此。

有人将藏香比喻为供奉给神明的食物，那香插就相当于盛装食物的器皿，有着这般地位的香插，注定不会太过普通。事实也是如此，尽管藏陶工艺普遍质朴，但制作出来的香插往往特色鲜明且富有生命力。

由于体积一般不大，陶质的香插往往由工匠徒手捏制成大体形状后，再用刻画工具做出活灵活现的细节。除了一般造型的香插，藏族的陶工们在制作时，更愿意将器型与藏传佛教中的吉祥物造型有机结合，

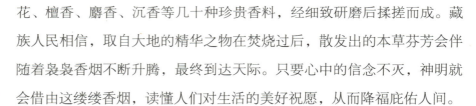

如鸟、狗、鹿、猴子、狮子等，从而更好地展现出内心对神明的崇敬与虔诚。陶坯成型后，往往还要施加釉彩，使其在烧制过后，能在视觉上变得更加明净。

行走在今天的拉萨街头，不管是在寺院佛堂，还是在川流不息的转经路上，或者是在寻常百姓家中，焚香依旧是生活的日常。不少藏族人民每天醒来的头一件大事，就是为神明供奉清水，而后拈一根线香，轻轻地插在香插上，待火苗与香头邂逅，第一缕烟气飘向空中时，便开始虔心地默念、祷告。有了这道充满诚意的仪式，似乎一天就能拥有好的开始。

● 方寸擦擦，雪域奇珍 ●

在拉萨城北，夺底乡维巴村曲色组的山脚处，夺底北路西侧、涓涓流沙河东畔，坐落着西藏第一座擦擦文化展览馆。展馆面积不大，但却收藏了近百种、上万件的精美擦擦。它们大都收集于民间，历史从数百年到上千年不等。在展厅内灯光的照耀下，这些穿越时空的擦擦显得古朴而自然，庄重又典雅。

"擦擦"其实是西藏本土的一种脱模泥塑艺术，看起来就像是模制的泥佛，或者是泥佛塔，最早出现于佛教传入西藏的时候。在藏传佛教中，擦擦被视为消灾祈福的圣物，而制作擦擦的人则可以积攒善业功德。历史上的好擦擦，大都由得道高僧制作，制作过程中要不断诵经，制作完成后还要举行类似"开光"的仪式以助于显灵。做好的擦擦大都为方寸大小，约为一掌的规模，便于随身携带。美好的寓意加上合适的尺寸，让不少藏族人民将擦擦视为可以随身携带的护身符。

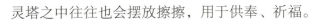

灵塔之中往往也会摆放擦擦，用于供奉、祈福。

别看擦擦体积不大，制作工艺却简约而不简单。泥料方面，除了加入酥油调和使其变软，还会根据不同的需要，混入狼毒草、藏红花、牛皮、藏纸、青稞、宝石、金粉等原料。和好之后，泥坯会被放入陶质或金属的模具当中，经挤压后脱模而成。为了让外观更加精美，制作擦擦时往往还有一道雕刻工序。这时，神降塔、吉祥塔、菩提塔等极富宗教地域特征的图案便会在擦擦表面显露出来，并且会在上面附上各种经咒。此时，擦擦的主要制作工序就已经完成了，只待晒干后彩绘，且颜色稳固之后，即可与世人见面。

然而，泥塑的擦擦虽然精美，却难以经受风吹雨打的考验，日常携带诸有不便暂且不论，即便是最普通的保存也成了大问题。时至今日，展览馆中陈列的那些泥塑擦擦，大都因曾放在了塔身内部或是隐蔽的洞穴之中，隔绝了雨水的侵扰与高湿度环境的破坏，才能近乎完好地保存至今。那个时候的藏族人民已经注意到了这个问题，并开始积极寻找解决办法，而当时已经比较成熟的制陶工艺便是出路之一，毕竟对于泥塑和陶艺而言，两者都是与泥巴打交道的手艺活，虽存在一些差异，但也有不少相似之处。

不需要经过烧制的泥塑，一般选用黏度高且质地细腻的泥土，因为可塑性好，压制脱模后的效果也最为出众。制陶则恰巧相反，泥土的黏性不能太大，质地不能过于细腻，否则在烧制时，很容易因为受热不均而破裂。

泥塑完全依赖于模具压制而成型，陶艺制作当中，制作纹饰的堆贴法其实与泥塑的压模有异曲同工之妙。脱模后的泥塑要经过雕刻修饰，陶泥在风干之前也有一个手工修整的过程，二者的联系可谓千丝万缕。

最本质的区别，还是烈火对泥土性状的改变。烧结而成的陶质擦擦质地坚硬，更为稳固的结构也极大地提高了保存的效果。因此，陶质擦擦虽然在产量上不及泥塑擦擦，但在保存效果上却要远胜不少，特别是在墨竹工卡、林周等历史上颇为有名的陶乡之中，仍保留着数目可观且质地优良的陶质擦擦。

随着制作工艺的逐步改良，今天以工艺品身份出现在拉萨市场中的各类擦擦也愈发精美；而信息传播的日渐便捷，也让擦擦的魅力悄悄走出高原，传播到了世界各地，不少游客更是慕名而来，渴望近距离感受这方寸之间的雪域高原艺术奇珍。

如今，展览馆的馆长琼达和他的伙伴们，在努力把擦擦这一西藏独特文化符号传播出去的同时，也在力所能及地对制作擦擦的传统手艺进行保护。为此，琼达特意在馆内单辟了一块地方作为体验馆，让来自五湖四海的游客能体验到亲手制作擦擦的乐趣；对于渴望深入了解的客人，馆内还可提供一对一的现场教学，让不少慕名而来的游客流连忘返。当然，还有一个更重要的目的，就是在这个过程中寻找到最合适的学徒，完整地继承制作手艺，让擦擦这门艺术能在岁月的长河中继续走下去。

截至2019年，展览馆已经制作出了一批优秀的擦擦产品，并且在西藏文博会、西藏旅游纪念品大赛、"拉萨巧手"旅游商品设计大赛等重大赛事中崭露头角。至此，位于拉萨城内夺底乡的一间小小的展览馆，悄然化身为了西藏擦擦文化的传承基地；方寸大小的雪域奇珍，似乎在这里寻觅到了安稳发展的最佳契机。

第三章　漫话琉璃砖

从大小昭寺到罗布林卡，拉萨好几处著名历史建筑其实都与藏陶有着藕断丝连的关系。藏陶中的建筑用陶，主要指的是修建、装饰建筑所使用的陶质砖块，其中又以色泽鲜亮的琉璃砖最负盛名。由于年代久远，其中的很大部分早已在历史上的修缮中化为尘埃，但幸运的是，至今仍有一些建筑完好地保存着旧时的陶质砖块，仍旧能让世人一睹建筑中的藏陶风采。

● 惹萨：建筑陶之滥觞 ●

拉萨城的味道，不只来自环绕周遭的神山圣水，更有遍布全城的楼台庙阁。逆着时光的轨迹回溯它们的故事，其实就是从建筑的视角翻阅拉萨城的建设史。公元633年，"骁勇多英略"的松赞干布在一众部落首领中一骑绝尘，率先建立了强大的政权，把根据地牢牢地扎在了拉萨河中游的河谷平原上，开始率领藏族人民在一片沼泽荒芜中造宫堡、修河道、建寺院，就在这样的大兴土木中，今天名扬四海的拉萨城从无到有，渐渐显露出了都市的雏形。

久负盛名的大昭寺就是这一时期建造的，因而成了今天整座拉萨城内最早的建筑。落成的大昭寺最初叫"惹萨"，且位于整座新城的中

心，于是人们便沿用"惹萨"之名指称整座城市。后来，随着佛教的兴盛，人们渐渐将这座新城视为圣地，"惹萨"之名慢慢演化成"拉萨"，并成为正式的名称沿用至今。从某种意义上讲，大昭寺的故事，就是拉萨故事的缩影。

　　城市建设的快速推进催生了建筑产业的发展，建筑制陶便是其一。当时，生活制陶技术在西藏已经有数千年的历史，陶泥制作、陶坯成型、陶艺雕刻等技术都比较成熟，为建筑用陶的发展奠定了坚实的基础。松赞干布执政期间，以中原文化为代表的外来文化对建筑用陶的工艺影响也颇为明显，具体体现在两个方面：一是修建寺庙时使用的砖块，与当时唐朝使用的砖块在长度、宽度、厚度上都大体相似；二是建筑上方采用了"歇山式琉璃瓦屋顶"，也就是在歇山式的屋顶上铺了带釉面琉璃瓦片。由此可见，早在公元7世纪时，拉萨就已经开始根据制陶工艺烧制建筑用的砖块了，它们也是整个西藏地区迄今为止发现的历史最悠久的建筑用砖。

然而，所有的建筑材料都有其相应的使用寿命，大昭寺从落成至今已有十几个世纪，历经了千百年的日晒雨淋之后，最早使用的那一批建筑材料早已在历史上的数次维修中更替消失。今天的大昭寺顶部金光闪闪，那是三四百年前的一次维修中，琉璃顶被全部替换成了鎏金顶的缘故。据史料记载，这次修缮工作由五世达赖喇嘛阿旺罗桑嘉措主持，主要对大昭寺主殿的三层做了扩建与大面积维修，在保留了歇山式造型的基础上，东面的金顶被更换一新，西面的琉璃瓦顶及殿堂四周也全部更换成了鎏金铜板，与此同时，还在南面新修了一个金顶。至此，大昭寺主殿顶端的四个面都被金光闪闪的鎏金铜板覆盖，并成了一大标志性特色保留至今。

藏族著名历史学家恰白·次旦平措在《大昭寺史事述略》中也提到了这次修缮工作，同时还提到了一个细节："主殿的所有墙都是由一寸多长的五色砖砌成，里外都砌了五层，况且，解放后维修时我们亲眼看到了红砖和蓝砖，质地坚硬，样式美观。"由此可见，早期的大昭寺修建中，确实使用过琉璃瓦和陶质彩砖，并且从侧面印证了公元7世纪前后，拉萨建筑制陶业的快速发展。

由文成公主主持、众多汉藏工匠合力修建，和大昭寺几乎同期落成，且风格与其类似的小昭寺也使用了大量的建筑陶。《西藏通史·松石宝串》中在介绍小昭寺时就有这样的句子："汉式釉子屋顶斑斓美丽，赤赤生辉；翅角飞檐，十分壮丽，仿佛仰望天空猛虎，故名'嘉达惹姆钦祖拉康'。"这里的汉式釉子屋顶，指的就是沿用中原风格，使用琉璃瓦铺就的彩釉屋顶。

大小昭寺从落成至今，在拉萨城内都有颇高的地位，这两座寺庙修建时，其使用的建筑材料、建筑结构、建筑造型等，也为之后的历代赞普修建寺庙、宫殿提供了借鉴，拉萨本土的建筑陶也因此迅速走上了发展的顶峰。

● 罗布林卡的瓦片 ●

在拉萨市的中心城区内，布达拉宫以西约两公里的位置有一片典型的藏式风格园林，名叫"罗布林卡"。园内殿堂云集，亭榭林立，共有大大小小的各色房间400余套；植被种类丰富且多样，除了生长于喜马拉雅山脉南北麓的奇花异草，还有国内外引进的名贵花卉，故有"高原植物园"的美誉。由于设施完备，环境优美，过去的罗布林卡一直是历代达赖喇嘛消夏理政的地方。中华人民共和国成立之后，经过精心、系统地修缮，罗布林卡摇身一变，成了拉萨城内古迹最多、风景最佳、人造园林规模最大的休闲公园。这里平日里是拉萨市民踏青赏景的好去处，假日里则是各地游人争相留念的"打卡点"。

任何一座宏伟建筑的修建都不是一蹴而就的，罗布林卡也不例外，自18世纪40年代开始修建，到1956年最后一组宫殿竣工，前后历时共计两百余年。至此，整个罗布林卡的宫殿建筑群由格桑颇章、措吉颇章、金色颇章、达旦明久颇章四组宫殿组成。其中，格桑颇章建筑群由七世达赖喇嘛格桑嘉措主持修建；措吉颇章建筑群由八世达赖喇嘛强白嘉措主持修建；金色颇章建筑群由十三世达赖喇嘛土登嘉措主持修建；达旦明久颇章建筑群由十四世达赖喇嘛丹增嘉措主持修建。

四组西藏风韵浓厚的宫殿构成了核心部分的"宫区"，并与东部的"宫前区"、西部野趣横生的"林区"一道，组成了完整的罗布林卡。修建新宫的同时，历代修建者也在改建、扩建、修缮已有的建筑，在这个过程中，内地的园林建造手法源源不断地被吸纳进来，通过建筑、山石、水面、林木相得益彰地组景，创造出了不同的意境。由于在建造中

总体遵循"高处筑台、低处挖池、任其自然"的设计原则，使得今天的
罗布林卡内部，任选一个角度都是精美的风景。

　　宫殿之华离不开雕梁画栋，日光下熠熠生辉的琉璃砖瓦便是其一，
它们是拉萨本土制陶工艺与建筑装饰的一次完美邂逅，更像是拉萨本土
制陶工艺正当辉煌时的一块块剪影。据《东嘎藏学大辞典》记载，十三
世达赖喇嘛土登嘉措在主持新建金色颇章时，还对罗布林卡进行了一次
规模较大的修缮，其中一项重要的工作，便是为宫殿烧制琉璃瓦。为了
完成这项任务，土登嘉措雇用了当时民间比较出名的两位陶艺技工，一
位是来自塔巴村的索朗，另一位则是来自林周的贡觉西绕。在接受任务
之后，二人便全身心地投入到了琉璃瓦的研究与烧制工作中，并且最终
出色地完成了琉璃瓦的烧制任务。

　　索朗和贡觉西绕二人烧制的瓦片为红陶，外表施加了黄褐色、咖啡
色两种釉彩，并且根据瓦片应用的具体位置，制作了筒瓦、板瓦、檐头
板瓦、滴水等四种形制。其中，筒瓦与滴水的正面还带有藏传佛教文化

中的多种图案，如兽面纹、吉祥八宝、梵文、宝瓶等。所有瓦片质地轻而薄，美观而大方，土登嘉措在看过之后给予了高度赞扬，为二人颁发了荣誉证书，并授予了"陶艺伍钦"的称号，也就是我们俗称的"陶艺大师"。后来，这些做工考究的琉璃瓦主要被安装在了三处地方：一处位于罗布林卡的正大门檐头，一处位于金色颇章的门窗与正门檐头上，还有一处位于措吉颇章院内湖中的湖心亭屋顶上。

时至今日，罗布林卡内还保留有不少"陶艺伍钦"当时烧制的琉璃瓦，园内其他宫殿建筑顶端的琉璃瓦也变得更加多彩绚烂，绿的、黄的、灰的、蓝的……不同时代的瓦片交织在一块，生动地讲述着本土藏陶与本土建筑的历史故事。

● 圣城里的"砖事"●

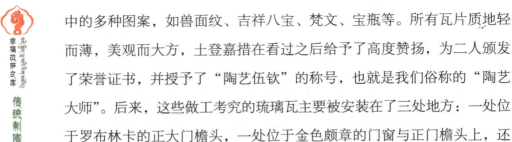

公元7世纪中叶，拉萨城中心的位置平整出了一块大工地，众多的青壮年在这里有节奏地喊着劳动号子，木料、石块等建材源源不断地运输至此。这里是大昭寺的修建工地，是拉萨城市建设的原点，也是西藏陶质建材的发展起点。

陶质建材在整个西藏地区的应用非常广泛，不仅包括宫殿、佛殿、寺庙、佛塔，还包括一些碑亭或者风雨桥亭的屋顶，曾经随处都能见到做工考究的陶质砖瓦。不过，随着时间的推移，史料中记载的很多陶质建筑材料已经消失，或因为自然风化而损毁，或因为修缮过程中被替换，或因为史料记载与转译的偏差而无法考证等。不过，依然有一部分建筑中的陶质建材经受住了岁月的考验，它们不一定有大小昭寺、罗布林卡般的名望，但却也都有自身的独有韵味。

1. 琉璃桥

在大昭寺以西约300米的宇拓路中段有一座琉璃桥，又名"宇拓桥"，藏语称"宇拓桑巴"，即"绿松石桥"，是西藏自治区级文物保护单位。过去，桥下位置有一条拉萨河支流水渠自东向西流过，割裂了南北向的交通，此桥架设后便成为连接水渠两岸，沟通拉萨古城内外的要道之一。不过，该桥的修建历史至今尚无定论，一说建于公元7世纪文成公主进藏之后，一说由18世纪清政府拨转款修建。

琉璃桥的桥身为石筑的五孔桥，跨度为28.3米，桥面宽6.8米，因桥面上修建的歇山式桥廊顶部大量使用了各式各样的琉璃瓦片而得名。其中，整个桥廊顶部覆盖着绿色的琉璃瓦，檐部则大量使用琉璃滴水瓦，具体又可以分成三类：绘有梵文图案的舌形琉璃滴水、绘有普通图案的舌形琉璃滴水、由三种曲线构成的舌形琉璃滴水。桥顶的四个角被设计成了龙首飞檐的样式，屋脊中间装饰着约1米高的琉璃宝瓶，两端则装饰着琉璃供果脊饰。

2.磨盘山关帝庙

布达拉宫以西约500米处有一座小山，原名"巴玛热山"，因这座小山形似磨盘，原清朝驻藏官员便称它为"磨盘山"。到了乾隆五十七年，也就是1792年，大将军福康安等在磨盘山的山顶修建了一座关帝庙，于是就将其定名为"磨盘山关帝庙"，拉萨当地人也称其为"格萨尔拉康"。不过，这里的格萨尔，指的不是藏族人民心目中的旷世英雄"格萨尔王"，而是三国时期的猛将关羽，藏语中把他称为"汉格萨尔"。

"关帝"与西藏地区信奉的教派没有任何关系，而是道教将关羽神话后塑造的形象。佛教圣地拉萨城内为什么会修建关帝庙呢？原来在乾隆五十六年（1791年）秋天，来自今尼泊尔的廓尔喀侵略军抢掠了日喀则市尼色日山下的扎什伦布寺，清政府得知后，委派巴忠一行人查办此事，却不想这些人只想贪功邀赏，全程应付了事，最后反倒让廓尔喀找到借口讨要赔偿银两。第二年，廓尔喀再次入侵，给西藏人民造成了重大经济损失。为此，清政府重新委任福康安为大将军，进入西藏处理此事，没过多久便顺利击败了廓尔喀侵略军，同时颁布了藏族历史上著名的《钦定藏内善后章程》。为了纪念这一重大历史事件，福康安一行人便在"磨盘山"上新建了一座关帝庙并保留至今。

纵览整个磨盘山关帝庙，里面的建筑以汉式为主、藏式为辅，总建筑面积约800平方米。陶质建筑材料在整个关帝庙内应用较多：主殿顶部覆盖了红色琉璃瓦，主殿四角与屋脊两端装饰了红陶鸱尾；文殊殿房顶的屋檐上则使用了相对低调的大板瓦和平瓦，屋檐部分则使用了扇形滴水瓦。

和拉萨其他庙宇使用的瓦片不同，关帝庙的瓦片上鲜有藏传佛教文化中的图案，众多以花草、卷云、旋涡等为代表的纹饰，更像是中原一带汉族工匠烧制的艺术品。可以说，关帝庙的设计与修建，是汉藏文化交往交流交融的又一历史见证。

下 篇

下

藏陶的浴火与涅槃

　　现代工业文明在给广大藏族人民带来了美好富足生活的同时，也给脱胎于农牧经济的藏陶文化带来了前所未有的冲击，甚至一度使这门历史悠久的手工艺术濒临失传。藏陶的未来将走向何方？基于这一思路，本篇主要探讨三个方面的内容：藏陶今日困境的成因、如何唤醒藏陶文化的自信、藏陶重生的探索与实践。柔软的陶泥因浴火而成为坚硬的陶器，悠悠藏陶文化能否也像陶器的诞生一样，经受住现实的百般考验而涅槃呢？

第一章　藏陶的难关

　　古老的藏陶制作工艺脱胎于农牧经济，在长达4000年的发展中，早已与社会的肌理形成了紧密的联系。和平解放之后，西藏从经济结构到社会形态都发生了翻天覆地的变化，失去了过去赖以生存发展的环境，藏陶在一个全新的环境中显得有些举步维艰，从生产到销售，再到技艺的传承，仿佛每一个环节都充满了考验。

● 工业兴，藏陶衰 ●

　　在遥远的18世纪60年代，在亚欧大陆另一端的大不列颠地界上，一场史无前例的、意义深远的工业革命正在悄然展开。轰鸣的机械声催促着整个世界陆续翻过农业文明的旧篇章，迫不及待地拉开向工业化社会转变的新帷幕。

　　从机器代替人力，到电能提升效率，再到信息化、智能化生产，在近300年的时间里，人类社会的生产方式发生了天翻地覆的变化。然而，这波现代化的工业生产浪潮穿过了富饶的亚欧平原，翻过了阿尔卑斯雪山，甚至在巨大货轮的搭载下横跨广袤的太平洋、大西洋到达了美洲地界，却在同一块大陆中心位置的青藏高原脚下兜兜转转、举步维艰。

　　在过去的数千年时间里，西藏就像是一座围城，而造就这里绝美风光的高原地貌，就是分隔这座围城与外界的天然壁障——高原外面的人进不来，里面的人出不去。不过，也正是因为这重保护，整个西藏地区以农牧业为主的经济基础才得以延续至今，而藏陶等一众源于农耕时期的古老技艺才能够伴生。

和平解放之后，特别是改革开放以来，昔日自然地理条件铸就的围城，正随着交通、通信等基础设施的不断改善而逐步瓦解，随着西藏旅游经济快速发展与城乡经济结构转变带来的生活水平提升，交通条件显著改善带来的物流成本快速下降，长期处于闭塞状态的西藏商业市场终于向全国乃至全世界敞开了怀抱，一时间，精美、时尚的现代工业产品纷纷涌入西藏，给藏族人民的日常生活带来了全新的体验。

在拉萨，铝质的"汉阳锅"是最早取代传统藏式陶器的日用器皿，其时间最早可追溯至 20 世纪 50 年代左右，巅峰时期，整个西藏地区从城市到农村，几乎随处都能见到藏族人家用它煮饭烧茶。这种强大的影响力，更是让汉语中的"汉阳"一词，直接作为"锅"的藏语音译，变成了一个新的藏语词汇。

大约过了 20 年时间，当轻便的塑料制品问世时，藏陶很快迎来了又一次"下市潮"。一时间，传统的陶盆、陶壶纷纷不见了踪影，取而代之的是轻便多彩的塑料面盆和塑料水壶。特别是在 1975 年 9 月，西藏自治区成立 10 周年的大庆之际，中央人民政府为西藏定制了一大批塑料质的藏式青稞酒壶赠送全区，深得广大藏族人民的喜爱。

到了 21 世纪，特别是青藏铁路竣工通车、贡嘎机场扩能提升之后，西藏的物流渠道有了更大的改善，越来越多的现代化商品涌向了西藏的商业市场。在以拉萨为代表的西藏城市里，在以八廓街、冲赛康为代表的热门商圈中，现代化的购物场所、超市如雨后春笋般涌现，长长的货架上摆放着琳琅满目的商品，而曾经记录藏族社会生活百态的藏陶却难觅踪迹。

　　纵使传统的西藏制陶工艺经过了长时间的沉淀，相比于起源时期更为成熟，且有比较稳固、广大的市场基础，但适应了慢时光的传统藏陶工艺在面对这种市场突变时，显然没有做好充足的准备。渐渐地，藏陶的售卖场所，从城中商业区的集市，慢慢退居到市区的街头巷尾，甚至是城市外围的农村地界；大件陶具日渐少见的同时，售卖的频率也慢慢变低，即便是在制陶季，陶工们也是隔三岔五才来一趟。前来买陶的本地人越来越少，而外来的游客却在逐渐变多。在他们看来，藏陶和藏纸、藏香一样，都是打上了拉萨文化烙印的纪念品，带回家中束之高阁用以收藏也是一种不错的选择。

　　发展的本质就是新事物取代旧事物。我国著名社会学家费孝通在《重读〈江村经济〉序言》中就指出："凡是昔日曾满足过昔日人们的需要的器物和行为方式，而不能满足当前人们的需要时，也就会被人们所抛弃，成为死历史了……而在文化界或人文世界里，一件文物或一种制度的功能可以变化，从满足这种需要转而去满足另一种需要，而且一时失去功能的文物、制度也可以在另一时又起作用，重又复活。"

　　时代的车轮滚滚向前，脱胎于农牧经济的传统藏陶工艺，显然难以生产出符合现代需求的优质产品，因此从曾经的生活必需品、建筑材料、敬神法器，到今天的旅游纪念品，藏陶慢慢退出藏族人民的日常生活也是发展的必然。尽管从政府到手工艺者本身，无数的力量都在为藏陶的重生而努力，但这个过程注定充满了坎坷。

　　从卸下生活日常用品的身份，到变成藏陶文化的纪念品，藏陶的新生之路才刚刚起步，还有很多问题亟待解决，从制作工艺的优化改良到专业人才的培养，每个部分都是巨大的挑战。简而言之，纵使藏陶重生的黎明已经来临，但接下来的路途仍旧任重而道远。

● 藏陶的"能源危机" ●

如果说工业文明的快速发展给藏陶的传承造成了第一道阻碍，那么第二道壁障则来自全社会环保意识的快速觉醒。高山草皮是烧制藏陶的命门，而滥采草皮又被相关的环保政策条文明令禁止，藏陶的发展正面临一场前所未有的"能源危机"。

自和平解放以后，近半个多世纪以来，整个西藏地区的人口数量，尤其是藏族人口的数量进入了有史以来的最快增长期：拉萨市的常住人口数量从解放初期的大约3万人，迅速增长至2016年的90.25万人；整个西藏自治区的人口数量也从十几万人增长至2018年年末的343.82万人。与此同时，西藏的经济面貌也有了根本性的转变，从最初的交通闭塞、没有现代工业，只有牧业和少量农业、手工业，到如今不仅建立了现代工业、交通通讯业，原有的农牧业、商业也有了长足的发展。

迅速增长的人口和高速发展的产业，在繁荣了经济、丰富了生活的同时，也给青藏高原的生态环境造成了巨大的压力与不容小觑的破坏，高山天然草地的加速退化便是其一。一方面，西藏广大农牧区的农村生活能源、饲料，过去几乎都依赖于草地的供给，使得草地处于过度放牧的状态，大量的灌丛、草皮遭到不可逆转的破坏。另一方面，以藏陶为代表的传统手工艺的生产制作，对高山草皮的依赖度非常高，堆烧的环节虽然能产出一批陶器，但同时也要损毁一片草皮。当烧陶开采草皮的需求量超过草皮自然生长的速度时，高山天然草地的生态环境就难免受到影响。

为了保护西藏地区的自然环境与高原独特的生态环境系统，西藏自治区政府出台了禁止采挖高山草皮的政策，并在各个村落进行了政策宣

讲。然而，政策落到实处也面临着两难的局面。作为烧陶必备原料之一的高山草皮，如果限制得太紧，生态环境的保护确实能得以加强，但西藏传统制陶技艺这项本就濒危的非物质文化遗产则有失传的危险；如果限制得太松，一旦脆弱的高原生态系统遭到破坏，其治理与修复工作也是异常艰难。

为此，在目前的过渡阶段中，以塔巴村为代表的陶村采用了一个相对折中的方案，即在没有找到可以完全替代草皮的廉价、高效燃料之前，限制陶器的生产规模，且要求陶工必须在规定的时间内烧陶，同时限定开采草皮的地点与数量。尽管这一方案最大限度地照顾了实际，但站在艰难的制陶业角度来说，仍旧是雪上加霜。翻不过燃料这道坎，藏陶的重获新生就很难看到希望。

为了让藏陶文化与生产技艺在雪域高原上能够顺利延续，在新型烧制燃料研制与烧制方法革新这一问题上，从政府部门到无数藏陶手工艺者，大家都在积极地进行着有益的实践与探索。位于拉萨以西的日喀则市江孜县郎卡村也是西藏著名的陶村之一，这里的陶工探索出了一个自制"燃料帮"的解决方案——既然天然的草皮不能用，那就合成出类似于天然的草皮。

通过认真分析天然草皮的成分，郎卡村的陶工们将制陶剩余的泥巴与牛羊等牲畜的粪料，以及牛羊不吃或吃剩的草料混合在一起，然后再将其做成类似于草皮的块状，等晒干之后就可以代替天然草皮使用了。由于与天然草皮中的成分大体相当，这种自创的燃料帮在实际的烧制中确实发挥了不小的作用，并且为解决整个西藏地区藏陶燃料的危机带来了启发。

不过，制作燃料帮的原料大都属于其他生产环节的边角废料，通过这种废物循环能够制作出的人工草皮数量有限，只能保障小规模的陶器烧制，一旦烧制的规模较大，自制燃料帮的作用难免捉襟见肘。因此，燃料帮是解决藏陶燃料危机的一次有益尝试，但距离真正大范围投入藏陶的烧制工序，还有很长的路要走。

　　过去受制于自然条件，烧制藏陶使用草皮纯属迫不得已。如今，能源结构早已发生改变，高原之下的内地，烧陶的燃料多种多样，从炭烧、柴烧，到气烧、电烧等，应有尽有。随着西藏地区的基础设施更加完善与藏陶生产技艺的不断融合改进，解决藏陶烧制能源危机的曙光定会显现，一定可以既保护好青藏高原的青山绿水，又让4000多年的藏陶文化得以传承发扬。

● 陶工的喟叹 ●

　　我国著名思想家、哲学家、国学大师梁漱溟曾指出，文化归根到底就是"人的生活样式"，要深入理解一种文化，先要联系这种文化背景下的人的活动方式和过程。在过去4000多年的历史中，藏陶早已与西藏文化产生了千丝万缕的联系，并逐渐形成了一套独有的藏陶文化。换而言之，我们今天要提振走向衰败的藏陶文化，那些为制陶工艺呕心沥血的陶工们自然是绕不开的关键。

　　藏陶见证了藏族人民数千年的发展史，是西藏文化中不容忽略的艺术精华之一，然而在藏族人看来，制陶却并不是一件多么体面的事情，这种观念至今仍在广大藏族人民的心目中根深蒂固。要讲清其中的缘由，则要从西藏过去特殊的社会环境说起。

　　在和平解放之前，整个西藏地区都被封建、黑暗、野蛮的农奴制笼罩。在这种制度下，约占西藏当时总人口5%的封建领主或农奴主，占有着西藏所有的土地、山林、草原、河流等生产资源，绝大多数牲畜、农具、房屋等生产资料也归他们所有；剩余的广大农奴阶级和奴隶既没有生产资源，也没有生产资料，迫于生存压力，只能依附农奴主。农奴主便利用这种依附关系，对农奴进行强制剥削：农奴必须无偿为农奴主耕种土地，收获的绝大多数农作物都归农奴主所有，自己只能留存很少的一部分，同时还要担负名目繁多的劳役和税赋。

其中一种税赋叫"差"。如果一户农奴家里有陶工，便要向农奴主以陶器的形式缴纳"差"，一个人做陶要交一份"差"，两个人做陶则要交两份"差"。由于做好的陶器在售卖后可以换得粮食、生活用品、货币，农奴主便不再给陶工分配土地，应当上缴的农产品也就替换成了制作完成的各种陶器。在这种情况下，陶工和一般的农民都承受着一样沉重的税赋，并且还没有农奴主分配的土地，不能靠自己获得粮食来解决最基本的生存问题，因而相对于一般的农奴而言，制陶者的地位又要降低一级。

随着时间的推移，制陶人渐渐地与屠夫、铁匠、天葬师等从业者共同归属于西藏社会中的"下九流"之类，位列整个农奴社会的最底层，在日常生活中不能与一般的农奴平起平坐，谈婚论嫁之事也只能在各自阶层当中条件相当的家庭之间进行。

今天，距离西藏和平解放已经过去了半个多世纪，农奴制笼罩下的黑暗早已被粉碎，然而"制陶之事低人一等"的老旧观念仍在不少藏族人心中根深蒂固，这种源于血脉之中的不认同感，极大地左右了新一代藏族人的职业选择。

除了历史方面的因素，现在的市场对于制陶者而言也缺乏足够的吸引力。物美价廉的现代工业产品挤占了原有的藏陶市场，昔日藏族人民所使用的陶质锅碗壶盆都有了替代品。市场萎缩，销量骤减，制陶的收入自然也就下降了，与此同时，制陶的工艺却没有发生本质性的变化。在一个越发讲究效率与质量的时代，纯手工的陶器不管是在产出效率还是产品质量上都不占优势，却还耗费着高昂的时间成本，加上环保政策的影响，关键制陶原料的获得也变得愈发困难。不景气的市场环境，加上居高不下的制陶成本，陶工们的心里自有一番权衡。辛辛苦苦做了一年陶的收益，远不如考学走出高原，甚至一般的外出务工赚得多，在这般现实面前，不少原本掌握了制陶技艺的人也只能另谋出路。

　　一边是受传统观念的影响，新一代的年轻人不愿意做陶；一边是现实的压力，使得老一辈的做陶人放弃做陶。青黄不接的岁月里，每年都有熬不过岁月与现实的陶工，不得不停下手里的轮盘"望陶兴叹"。

　　原料可以替代，工艺可以改进，政策可以倾斜，可一旦没了继承者，藏陶的血脉又该向何方流淌呢？

第二章　唤醒藏陶文化的自信

　　习近平总书记曾经提到过："文化自信是更基本、更深沉、更持久的力量。"藏陶文化有长达4000多年的历史，是西藏文化中一个重要的组成部分，没有消亡于历史的长河之中，证明其定有独到的优势，这便是支撑藏陶文化自信力的原点。在今天这个无比开放包容的时代，通过科学合理的保护开发，落实生产设计的与时俱进，藏陶未来的发展空间其实远比现在广阔。当藏陶手艺人发自内心地以制作藏陶为荣，且以自动自发地传承藏陶为荣时，藏陶文化的自信就真正立起来了。

● 2006年，藏陶非遗之元年 ●

　　"现在的年轻人都不太愿意学，不像我们一样，把陶瓷制作当成一门手艺，很多人都去拉萨或者祖国内地寻求更好的发展机会……我最怕的是没人学，不想让传承了这么多年的制陶技艺失传了。"发出这一感慨的是塔巴村的占堆——一位花甲有余的资深陶工。

　　在整个西藏，和占堆有相似顾虑的陶工不在少数。每个手艺人，内心都有一个关于传承的梦，希望将以毕生心血换得的技艺与经验传授给后人，让手艺文化能超越时空地代代延续下去。由于身体条件的制约，大都有着六七十岁高龄的他们，早已到了放下手中的工具，由一线的生产者转变为技艺传授者的年纪。然而，在多数师傅后继无人的尴尬现实面前，出于一份情怀与责任，他们仍旧选择了负重前行。但这终究不是长久之计，当他们做不动了，甚至老去了之后，传承了几千年的藏陶又该何去何从呢？不少藏陶老师傅都思考过这一问题，但却没人能告诉他们答案。这种局面一直持续到了2006年。

　　对于塔巴村的陶工而言，2006年是个不同寻常的年份。这一年，墨竹工卡县塔巴村民间传统制陶技艺，被列入了"第一批西藏自治区级非物质文化遗产名录"。我国现行的非物质文化遗产保护名录体系一共分为国家、省、市、县四级，西藏自治区级非物质文化遗产保护体系位列第二级，由此可见西藏自治区政府对藏陶文化保护的重视程度。与此同时，一系列看得见的改变也在这片孕育藏陶的土地上有条不紊地出现，藏陶的发展历程也由原生态的"自生自灭"，一步步走向了科学引导的"可持续发展"之路。

政府针对塔巴村陶艺的保护工作，几乎是与申报非遗的工作同步进行的。2009年，经过数年系统而详细的摸底、调研、论证，克服了诸多困难之后，在政府的帮助下，昔日陶村的地界上开起了首家现代化的陶厂。通过资金上的扶持，政策上的优待，同时在生产、流通、销售等渠道给予帮助，陶厂平稳地运行至今，有效地实现了对塔巴村制陶工艺的生产性保护。

此外，入选非遗的消息一经传出，在事实上也让塔巴村的陶器与村落本身，都增加了曝光率。一些人士甚至从高原之外，不远万里专程奔赴青藏高原的米拉山脚下，只为亲眼见一见那些年事已高、年老体弱的陶艺传承人，听他们讲那些陶罐背后的文化与故事；或者来到以家庭为单位的作坊中，认真研究、详细记录藏陶制作的全流程。

通过这些或官方、或自发的行为，塔巴村的见闻被转化成文字、图片、语音、视频等多种形式，然后借助于发达的网络空间，传播到了世界各地。相比于过去师徒之间的工艺性传讲，这些丰富多样的形式，既为藏陶文化的传播与保护提供了鲜活的资料，同时也让藏陶的生产者有机会听到外界的声音，从而生产出更贴合时代与市场的产品。

从入选非遗至今，藏陶在非遗的保护下又走过了十余个年头，取得了一些突破与进展，有了一个不错的开始。不过"保护"二字的背后，本就意味着"脆弱"。藏陶今日之弱，既来自时代的快速发展，也来自传统认知带来的偏见。前者可以通过技术革新、迎合市场等方式快速见效，而后者唯有通过宣传、教育等方式，用一代人甚至更长的时间去深入内心，唤醒文化的自信才能落实。

期望在不久的将来，在一系列措施的推行下，有越来越多的新一代藏陶人会发自内心地以做藏陶为荣，以自觉传承历史悠久的藏陶文化为荣！

● 民族的，就是世界的 ●

2018年2月27日，清早的北京阴云尚未散尽，阵阵轻风裹挟着微微春寒，俏皮地考验着早起的人们。西长安街以南，首都博物馆外，广场上整整齐齐的队伍和街边匆匆而过的路人形成鲜明对比，行列中的人们仿佛都翘首以待、满怀期许，盼望着展馆的大门尽早打开。

原来，这一天是"天路文华——西藏历史文化展"在北京首都博物馆展出的第一天，整个展览由北京市人民政府、西藏自治区人民政府主办，北京市文物局、西藏自治区文物局协办，首都博物馆、西藏博物馆承办。这次展览汇集了北京、西藏、河北、重庆、青海等地的21家文物收藏单位，共计216件（组）文物，其中由西藏地区文博机构和寺庙提供的文物多达180余件（组），相当于在首都北京为西藏的历史文化定制了一扇巨大的展览之窗，引得众多研究藏文化的专家学者、对藏文化兴趣浓厚的粉丝专程前来观赏。

众多展品中，一件造型奇特的双体陶罐格外惹人注目。只见陶罐两边各有一个隆起的腹部，表面的花纹还都不相同。左侧的隆起上刻着双勾三角折线纹，纹线之外有施彩；右侧的隆起上刻着双勾菱形纹，纹线内外都施彩。这件陶器出土于西藏昌都卡若遗址，据考证为4000多年前新石器时代晚期的器物，是整个西藏地区出土文物中，最为珍贵也最受观众喜爱的陶器之一，能够体现当时藏族百姓制作陶器的最高水平。即便是在拉萨市的西藏博物馆展览期间，双体陶罐也依靠它悠久的历史与萌萌的外表，让不少土生土长的藏族居民啧啧称奇。

事实上，除了各类展览，藏陶还频繁现身于电视、报刊、传统图

传统制陶艺术

书、门户网站、互联网公众号等多路媒体上，而且不只有西藏本土及高原以外的国内媒体前来采访，一些国外的媒体也愿意将镜头对准历史悠久的藏陶，策划并推出一些文化纪实类的生动报道。由此可见，即便是在高度现代化的今天，古朴的藏陶文化依旧能够凭借其独有的魅力，成功吸引了众人的目光。

鲁迅先生在《且介亭杂文集》中说过："只有民族的，才是世界的。"换而言之，特色鲜明的民族文化是世界多元文化的一个组成部分，没有民族的，就没有世界的。一个民族的文化没有好坏之分，更没有贵贱之别。藏陶文化是古老悠久的西藏传统文化的一个重要组成部分，而西藏传统文化一直以来都是中华文化和世界文化宝库中的一颗璀璨明珠，这种重要的历史地位与影响力早已成了一种文化共识。即便现代化的浪潮再向未来推进100年，藏陶文化依旧是西藏传统文化中的重要一种。

今天的藏族群众，生活水平与过去相比不可同日而语，大家对生活的关注从温饱上升到了品质。在数千年的发展与变迁中，藏陶文化早已与藏族人民日常生活中的柴米油盐紧紧相连，区区数十年的市场变化，难以触及这种民族血脉中流淌的情怀。尽管在更多的生活用品上，藏族人民不再使用传统的陶器，但随着工艺的改良与设计的改进，不少藏族人民也愿意买回一两件质朴又精细的藏式陶器摆在家中，营造"家"的感觉；一些藏族企业也愿意在显眼的位置陈列华美的现代藏陶，以彰显这份特殊的民族文化自豪感。

一切事物都处在变化发展之中。就像早期的衣物只做御寒蔽体之用，如今更多地用于彰显个性一样，藏陶也面临着这种身份的转变。如何才能生产出更加经久耐用的藏式陶器？如何才能提高生产效率，降低藏陶的生产成本？如何才能让藏式陶器的审美设计更加贴合现代市场的口味？等等，这一系列的拷问，或者说是围绕解开藏陶之困所做的思考，其实针对的都是藏陶的生产制作工艺，而非藏陶文化。

由此我们不难发现：优秀的文化不会过时，过时的只有工艺。更加开放和包容的新时代、新市场中，从来都有藏陶的一席之地，而我们需要做的，特别是藏族人民需要做的，是找准自身在藏族文化中的角色，发现藏族文化的独特魅力，从而发自内心地建立起文化自信。

● 更好的技术，更好的陶 ●

铜铁锅铲玻璃碗，陶瓷刀具塑料盆……快速涌入西藏市场的各种现代工艺品，确实在很多场合中取代了传统的藏式陶器，但在一件事情上却出现了"水土不服"的情况——喝酥油茶。究其原因，还得回到民俗文化本身，从极富西藏特点的酥油茶讲起。

前面提到过，藏族人民喝酥油茶的历史长达1200多年，早已形成了一套相对固定的流程。熬制茶汤是制作酥油茶的第一步，熬好的茶汤会倒入专门的容器中储存备用。想喝酥油茶时，取适量的茶汤，加入酥油和盐，充分搅拌成乳状后就可以饮用了。搅拌酥油茶需要比较长的时间，因此藏族人民一般都会一次做好一两天的量，没喝完的茶便留在茶壶中，使其处于持续加热的状态，不至于因为长时间静置或晾凉后出现油、茶分离的情况影响口感，想喝就能喝。

传统的陶器在储存备用茶汤和加热酥油茶这两个环节发挥了重要的作用。由于陶器本身的透气性非常好，存在陶罐中的茶汤长存而不酸腐，倒入陶壶中的酥油茶久煮而不变质。也正因为善于储存食物这一特质，在1000多年的喝茶史中，煮茶的锅具与喝茶的杯具，藏族人民都找到了其他材质的替代品，唯独储存的环节，一直对陶具情有独钟。这一点即便在受到现代工业品的冲击下也没有太多改变，毕竟从塑料的保温桶，到玻璃的贮水壶，再到插电自热的加热炉，同等价位的，大都不如传统的陶具好用；同样好用的，往往价格要比传统的陶具高出一大截。

与此同时，随着生活水平的不断提高，健康理念的不断更新，相较于用诸多化学工业品制成的物件，取之天然、手工制作的藏陶，更容易给人留下绿色、健康、无污染的印象，加上透气性好的特点，藏陶器具其实在食品储存方面极具优势。

由此可见，特殊的高原风俗，与时俱进的现代生活观念，早已为藏陶悄悄留下了不可轻易替代的市场。未来藏陶人要做的，就是用更好的技术，造出更优质的陶。

事实上，藏陶成功入选西藏自治区级非物质文化遗产名录之后，关于制作更优质陶器的探索一直没有停歇，且已小有成效。在西藏自治区科技厅的支持下，由西藏自治区科技信息研究所承担的"西藏文化元素抽取与陶瓷工艺品制造"项目于2017年立项，并且用时近一年的时间，通过建立西藏文化元素数据库等现代化的方式，对陶瓷工艺关键技术、核心技术进行研发，攻克了不少技术上的难关。

比如，碗、锅、茶壶、唐卡、壁画、摆件等，以及极具西藏文化特色的纹理、文字、符号，它们都是最地道的西藏元素。要把它们呈现在陶瓷上面，使新款的藏式陶瓷更加精美，就要让颜料在高温烧制之下不变色。尽管传统藏陶的烧制工艺中也有调色的配方，但因为色泽相对单一且不均匀，烧制过程中的变数大，不能直接应用于现代瓷器的制作。为此，相关部门、企业主动与国内在陶瓷研究和新能源材料利用上比较先进的武汉理工大学取得联系，通力合作解决了颜料的难题，使得新工艺下的藏式陶瓷，能历经100年不脱色、不掉色，切实推动藏陶的发展迈入了一个全新的阶段。

在研发新陶瓷的过程中，传统藏式陶器也没有被遗忘。像传统的陶罐、陶壶、藏式酒壶等，这些仍旧极具实用性的传统陶器，也在尝试使用新的生产方式进行改进，并且有望扩展到更多传统的藏式陶器制作之中。

用更好的技术造更好的陶，不仅能为西藏本土生产出更优质的旅游文创产品，还能为本地人生产出既实用又时尚的藏式日用品，藏陶重回市场指日可待。旧艺新做的过程中，藏陶文化的自信也会随着一件件新产品的塑成而逐步提振，届时，藏陶必将迎来一个更加光明而美好的未来。

第三章　探索重生之路

正所谓"山重水复疑无路，柳暗花明又一村"，藏陶面临的每一项挑战背后，其实都隐藏着一个破局的机遇：现代工业极大地冲击了传统的藏陶手工业，但同时也为藏陶的创新、提升产品质量与竞争力提供了新的选择；藏陶作为传统日用品的销路日趋变窄，但作为文化纪念品的市场却悄然打开；众多藏陶人出于无奈而转行，却也使得少数的留守者成了复兴藏陶文化最中坚可靠的力量……重生之路难免磕碰、曲折，只要不忘初心，砥砺前行，藏陶的美好未来必将来临！

● 塔巴村陶厂 ●

每一个历史悠久的陶村，几乎都有一个关于制陶的古老传说。据说在很久以前，塔巴村附近的山里住着一位名叫吉布·益西多吉的修行者，曾因为在偶然间把泥巴扣在膝盖上而获得了一个泥碗，后来又模仿牛鼻子上的环做成了碗的把手，经过烈火的焚烧后，塔巴村历史上的第一件陶器便诞生了。后来，吉布·益西多吉在朝拜的途中路过了今天的塔巴村，发现这里有妖魔作乱，于是便创建了塔巴寺，并在此念经祈福，镇压妖魔。离开之际，为了更好地保护塔巴村的民众，吉布·益西多吉便把制陶术倾囊相授，塔巴村的先民们在习得这一技能后，便一直将它传承到了今天。

然而，颇具藏族传统民族特色，且被视为塔巴村"镇村之宝"的制陶艺术，却因现代工业文明的冲击，一度陷入后继无人的尴尬境地。为了保护塔巴村这一古老的手工艺术，让塔巴村生产的藏式陶器能继续传承下去，同时调整农村产业结构，引导农牧民走向市场，发展农村经济，增加农民收入，一个大力扶持塔巴村藏陶制作并实现规模化生产的发展规划，被墨竹工卡县政府提上了议程。

早在2006年，也就是塔巴陶器制作技艺被列入"第一批西藏自治区级非物质文化遗产名录"的同一年，墨竹工卡县政府对塔巴陶器的市场价格进行了深入调研，并且初步分析了藏陶规模化生产的可行性。通过援藏渠道，塔巴村的藏陶规模化生产项目顺利地获得了47万元的前期投入资金并得以顺利启动。

项目启动初期，江苏省的陶器专家受邀来到墨竹工卡县塔巴村实地考察，并对制陶原料进行了科学检测，同时依照塔巴村的制陶工艺需求对生产设备做了初步设计。墨竹工卡县政府也先后选派了两批技术较为熟练的手工艺人前往江苏省宜兴市考察，学习并将内地先进的陶艺生产技术与企业管理经验带回高原。

经过细致地筹备，到了2009年，一座累计投入100多万元，厂房面积达350多平方米的陶器厂在塔巴村帕热组竣工投产，这一年也就成了塔巴村陶器制作的机器生产元年。一时间，选料、醒土、制坯、塑型、阴干、烧制……几乎每一道工序，都有了对应的加工车间，一切显得井然有序。

出于对制陶手工艺的尊重，在一些关键的技术上，陶厂的工人们仍旧会遵循传统的工艺，如捏制、塑形等。机械化生产带来的巨大变化主要体现在两个方面：一个是机械化磨料取代了手工磨料，提升了泥坯的质量；另一个则是电炉烧制取代了平地堆烧，不仅有效解决了火候把握不准的问题，提高了陶器的质量，更打破了几千年来秋季农闲做陶的时间限制，让全年烧陶成了可能。

然而，陶厂作为塔巴村机械化制陶的第一次探索，不可避免地遇到了一些困难。第一，农牧经济历来就是塔巴村的经济支柱，务农仍旧是一年中村里主要劳动力最关注的事情。陶厂的常驻工人都是塔巴村的村民，务农时节都以农事为主，到了农忙时节，陶厂就不得不闲置下来，直到农忙过后才能复工，极大地影响了工厂的生产运作效率。第二，多年来习惯了纯手工制作流程的陶工，在熟练操作机器方面存在一定的困难。塔巴村坚持做陶的年轻人很少，大多数陶工年纪都比较大，对新技术、新知识的接受度较低，不能熟练地使用机器加工，这又进一步削弱了工厂的生产效率。在订单规模较小时，不少陶工甚至宁愿放弃使用机器，仍旧倾向于用纯手工的方式来加工生产。

随着时间的推移，这些问题在实践中都逐步得到了改善，越来越多的村民在切身体会到了机械化制陶带来的便捷后，都自发地加入到陶厂的生产中来，进一步壮大了陶厂的力量。为了提升产品的市场竞争力，陶厂每年在邀请制陶专家前来指导工艺的同时，也会派员工外出学习先进技术，以加强陶厂的技术创新。

截至2015年，塔巴村陶厂累计研制出的陶器产品超过了3000种，类别不仅涵盖了藏族人民日常使用的青稞酒壶、酥油茶壶等餐具，还有香插、香炉、酥油灯等宗教类陶器，以及极富民族特点的陶质旅游工艺品和装饰品，上釉的颜色也从过去单一的棕色扩展为十几种颜色。

因质量优异，造型美观，今天陶厂生产的陶器不仅销往拉萨周边市县，还引得不少游客慕名前来参观选购，一些企业甚至也会专程赶到这里订制陶器……这些都极大地提高了藏陶的影响力。有了看得见的成绩，对一度低迷的藏陶发展而言，就是最好的鼓舞。

● 传承者：仁增索朗 ●

布达拉宫往西约20公里，是拉萨市堆龙德庆区羊达乡的地界，一家名为"西藏高原母亲工贸有限公司"（后文简称"高原母亲公司"）的企业在这里小有名气。自2009年注册以来，这家企业就以挖掘、开发、销售于一体的方式，在西藏传统手工艺领域深耕，涉及藏陶、藏香、唐卡等诸多领域，生产出了诸多精美的手工艺品，取得了非常好的市场反响。企业从创立至今，不仅专注于传承传统手工技艺，同时致力于相关工艺的宣传、推广、改进，为以藏陶为代表的民族手工艺的发展创造了良好的环境。

公司内部有一间专门的陶器陈列室，推门走入其中，四周琳琅满目的陶艺成品便映入眼帘。这里摆放的陶器作品大小不一、形态各异，制作精良，堪称一绝，并且大都由一位名叫仁增索朗的老人指导制作而成。2013年，高原母亲公司申报的"西藏红陶烧制技艺"入选了"西藏自治区第三批自治区级非物质文化遗产名录"，这一项目的传承人正是仁增索朗。

仁增索朗出生于西藏自治区山南市扎囊县扎其乡罗堆村，在历史上也是一个与塔巴村齐名的制陶村落。20多岁时，仁增索朗开始跟着村里的师傅学习制陶。从初步辨识陶土、陶石、筛除杂质，到系统学习塑形、制模、雕刻图案，仁增索朗埋头和藏陶工艺打交道，一做就是30多年。通过多年的实践探索，仁增索朗的技艺不断提升，终于成了山南市有名的藏陶人。

高原母亲公司成立前期，公司负责人便组织人力，遍访西藏、四川、云南、甘肃、青海各地的制陶村庄，深入开展实地考察，和许多制陶的老艺人、专家、同行交流学习，不断探讨、深挖、丰富制陶的技艺。数万里的行程，无数次的沟通，终于让高原母亲公司的成立有了眉目。基于一种特殊的缘分，仁增索朗在2008年受高原母亲公司的邀请，专程从山南市来到拉萨，肩负起了藏陶制作与藏陶技艺传承的重任。

将制陶作为毕生追求的仁增索朗，对陶艺有着自己的一番见解："每一块泥土都充满自然的灵性，你给予陶土多少力量、多少心智，陶土自然会给你同样的回应……通过泥土，我可以随心所欲地表达自己骨子里想要表达的东西。对于泥土，我有着很深的感情，如果一天不摸它，总感觉生活中少了点什么。"正因为有着这份热爱，仁增索朗才能凭借着丰富的经验与精湛的技巧，让一堆原本不成形状的泥巴最终闪耀出与众不同的艺术之光。

如今，几近古稀的仁增索朗通过传授技艺、亲身示范等方式，已经培养出了约20名优秀的徒弟，为藏陶文化的传承做出了巨大贡献。不过，平日一闲下来，这位清瘦的老人仍旧喜欢坐在制作陶器的轮盘旁边，全神贯注地转动着轮盘，或者慢慢地将调和好的泥巴变成陶坯，或者用小木拍不停地轻轻敲打着坯料，沉醉于制作藏陶的乐趣之中。

● 旅游市场的曙光 ●

当历史的车轮驶入21世纪，在拉萨第一产业迅速增长、第二产业快速壮大的背景下，第三产业的发展也进入了一个全新的阶段，其中又以旅游业的发展最为突出。丰富的旅游资源是自然与历史馈赠给拉萨这座城市的瑰宝，鬼斧神工的自然风貌与厚重多元的文化底蕴让这座城市

自始至终充满了魅力，纵使是高耸入云、氧气稀薄的世界屋脊，也阻挡不了五湖四海的游客踏上雪域高原的步伐。

自2002年拉萨市旅游局成立以来，通过多项措施并举，拉萨的旅游经济持续增长，旅游产业也日渐成为拉萨的支柱产业。据统计，2003年拉萨市的旅游年接待人数为39.05万人次，至2017年时已达1606.6万人次，增幅达到40多倍；2003年拉萨市的旅游总收入为4.57亿元，2017年时已达227.41亿元，增幅近50倍。特别是最近几年以来，整个西藏自治区的文化产业，已逐步形成以唐卡造像为代表的民族手工业、以民族演绎为代表的文旅融合产品、以"文创西藏"为代表的产品展示销售等多样化的产业发展形态。

旅游市场的快速兴起，客观上提高了与西藏相关的一系列非物质文化的知名度。不过，藏陶、藏纸、藏戏、藏香、藏药、藏式家具……虽然它们都是冠以"藏字头"的藏族传统文化瑰宝，但在社会现代化转型的当下，各自所面临的市场命运却截然不同。相比较而言，藏香、藏药、藏式家具等与群众生活联系紧密的非物质文化受到的影响较小，只要打造出了品牌效应，这些产品本身就能取得不错的市场经济效应，甚至能够代表西藏走向全国，甚至于世界。然而，藏陶、藏纸、藏戏等非物质文化就不一样了，它们对应的产品与当下的生活已有一些距离，或者因为实用性不如过去，或者因为不符合当代消费者的审美需求，所以在现实的市场考验之中显得有些艰难。

诚然，旅游市场的快速发展，让西藏的传统手工业看到了发展的曙光，但也要找到迎合市场的切入点，才能在市场经济之中重焕生机。对于以藏陶为代表的西藏传统工艺，将市场定位由实用性为主的生活用品，转变为观赏性为主的工艺品和艺术品，这或许是最切实可行的出路。

今日藏陶所处的境地，其实很像古诗"山重水复疑无路，柳暗花明又一村"中所说的境地。物美价廉的现代工业产品在很多场合代替了古老的陶器，导致藏陶的市场面变窄，这是事实；纯手工制作的技艺导致陶器本身的质量容易参差不齐，在做工上不如现代工艺品，这是事实；手工产出的时间成本高，原料成本方面比批量化生产的工业品更贵，利润空间更小，这也是事实。也正是这些复杂的因素，让传统的藏陶生产陷入了困境，使得众多藏陶手艺人迫于生计而放下代代传承的陶活儿……但是，在高度现代化的今天，古老的藏陶却并没有显得与时代完全格格不入，特别是随着时间的推移，这些深层次的新需求又在市场中慢慢浮现了出来。

举个很简单的例子，交通条件与通信设施的极大改善，让整个西藏与外界处于前所未有的亲近状态，五湖四海的人们能更加便捷地接触、感知西藏的风土与文化。旅游旺季时期，进出西藏的航班上座率居高不下，火车票更是一票难求，每天有数十万游客活跃在西藏的首府拉萨城内，带一些极具藏族特色的小礼物回家，成了这批逐年壮大的群体的刚需。相对于外界熟知的青稞酒、酥油茶、牦牛奶、藏红花，同样极具藏族特色的藏陶则显得清新脱俗；相对于大块的藏毯，锋利的藏刀、古朴的藏纸、易碎的藏香、精巧别致的小件藏陶似乎又是最佳的伴手礼；特别是挂上了彩釉、添加了雕花图案的陶质小摆件，像极了专为旅游市场而生的纪念品。

　　绝无仅有的自然环境，加上独一无二的民俗文化，拉萨乃至整个西藏历来就是旅行者心中的圣地。未来，随着青藏铁路扩能改造、贡嘎机场扩建完成、川藏铁路竣工通车，拉萨与外界的距离将进一步拉近；与此同时，拉萨城市基础设施进一步完善，公共服务水平继续稳步提升，拉萨旅游市场的规模与质量都将再上一个台阶。在一个更大、更好的旅游市场面前，留给藏陶等传统手工艺的舞台空间自然也就更加广阔。

　　敢创新、改工艺、补短板、追市场，藏陶的未来一定大有可为。